Elisabeth von Österreich

Dargestellt von Lisbeth Exner

Rowohlt Taschenbuch Verlag

Umschlagvorderseite: Elisabeth im Frisiermantel mit vor der Brust verschlungenen Haaren. Kopie von Eberhard Riegele des 1864 entstandenen Gemäldes von Franz Xaver Winterhalter, 1923
Umschlagrückseite: Elisabeth in ungarischer Königsrobe.
Foto von Emil Rabending, 1866
Elisabeth beim Hürdenritt. Kupferstich von Thomas Louis Atkinson, 1882, nach einem Gemälde von John Charlton

Seite 3: Foto von Albert, München, um 1865

Originalausgabe
Veröffentlicht im Rowohlt Taschenbuch Verlag,
Reinbek bei Hamburg, Dezember 2004
Copyright © 2004 by Rowohlt Verlag GmbH,
Reinbek bei Hamburg
Umschlaggestaltung any.way, Hamburg,
nach einem Entwurf von Ivar Bläsi
Reihentypographie Daniel Sauthoff
Redaktionsassistenz Katrin Finkemeier
Layout Gabriele Boekholt
Satz PE Proforma *und* Foundry Sans *PostScript,*
QuarkXPress 4.11
Gesamtherstellung Clausen & Bosse, Leck
Printed in Germany
ISBN *3 499 50638 6*

INHALT

Foto von Emil Rabending, 1865

Ich bin so scheu

Als schönste Frau Europas begeisterte Elisabeth von Österreich ihre Zeitgenossen, als Vertreterin des Ich-Kults und masochistische Männerphantasien belebende Femme fatale faszinierte sie Vertreter der Décadence. Verkörperte sie in den «Sissi»-Filmen märchenhaft geglückte Emanzipation, so symbolisiert sie als Heldin des Musicals «Elisabeth» selbstverliebte morbide Einsamkeit.

Sensationslüsterne Kolportage ergänzte immer schon die huldigenden Nachrufe und angeblich authentischen Lebensbeschreibungen. Die Anekdoten um die bayerische Prinzessin «Sisi», die Legenden um die wunderschöne und schließlich in Trauer versinkende österreichische Kaiserin und ungarische Königin Elisabeth werden bis heute immer wieder erzählt. Seriöse Biographien hatten und haben es schwer. Denn Elisabeth selbst schirmte ihr Leben ab, verpflichtete alle in ihrer Nähe zu Verschwiegenheit und sorgte dafür, dass große Teile ihres Nachlasses vernichtet wurden. Zugleich schuf sie selbst biographische Mythen. Sie erzählte gerne, ihre Schwiegermutter habe ihr die Kinder weggenommen, sie kontrolliert und ihr sogar den Ehemann Franz Joseph I. entfremdet. Der Kult, den sie mit ihren Haaren und der schmalen Taille trieb, verschaffte ihr nicht nur unter Friseusen, Kammerfrauen, Schneidern und Ärzten einen besonderen Ruf. Für die Nachwelt kreierte Elisabeth sich selbst als Kunstfigur: Mit Fotografierverboten und ihrem Geschick, sich hinter Fächern und Schirmen zu verstecken, sorgte sie dafür, dass sie noch mit sechzig als alterslos legendäre Schönheit galt. Erst die mit wissenschaftlichem Anspruch geschriebenen Biographien von Egon Cäsar Conte Corti und Brigitte Hamann zeigten, dass Elisabeth intelligent, belesen, sprachenkundig und eine Zeit lang politisch aktiv war.

Diese Monographie soll das Leben der österreichischen Kaiserin jenseits kolportierter Exzentrizitäten und gut gehegter Mythen schildern: von der keineswegs so glücklichen Kindheit über die frühe Heirat bis zu den reglementierten ersten Ehejahren, von der Selbstbefreiung über ihr politisches Engagement für Ungarn bis zur individuellen Selbstverwirklichung als Extremsportlerin und Lyrikerin, von der unstet Europa bereisenden alten Frau, die sich nach dem Selbstmord des Sohnes als Mater dolorosa präsentierte, bis zum Attentat in Genf, das ihr den Tod brachte, den sie sich so wünschte. Elisabeth war eine eigenwillige Persönlichkeit: Sie verweigerte sich den familiären und kaiserlichen Pflichten und schuf sich ihr eigenes Gegenzeremoniell; sie ritt schwierigste Parforcejagden, schrieb, inspiriert von Heinrich Heine, autobiographisch interessante, literarisch epigonale Gedichte und hetzte trotz allem unglücklich und depressiv von einem Ort zum anderen. In ihrer Widersprüchlichkeit konterkariert sie alle Sis(s)i- und Elisabeth-Kultfiguren der letzten hundertfünfzig Jahre.

Sonntagskind (1837 – 1853)

Herzogin Elisabeth in Bayern wurde am Weihnachtsabend 1837 in München geboren. Laut «Urkunde über die Entbindung» kam sie im Familien-Palais an der Ludwigstraße abends um 10 Uhr 43 zur Welt. Unter Einhaltung des höfischen Zeremoniells betraten kurz darauf die als Zeugen bestimmten Staatsmänner das Zimmer ihrer Mutter. Die Hebamme zeigte den nachströmenden Damen und Herren des Hofs das Neugeborene. Wie Elisabeth später ihrer Lieblingstochter Marie Valerie erzählte, bemühte man sich, die ungewöhnliche Tatsache, dass sie mit einem Zahn geboren wurde, als Glückszeichen zu verstehen: Dass der 24. Dezember 1837 auch ein Sonntag war, sollte diese Zukunftsdeutung stützen.[1] Zwei Tage später, am 26. Dezember, wurde das Mädchen seiner Tante Elise, der späteren Königin Elisabeth von Preußen, zu Ehren auf den Namen Elisabeth Amalie Eugenie getauft. In der Familie wurde Elisabeth von Kindheit an «Sisi» gerufen.

Die Eltern Max und Ludovika

Geburten waren damals in fürstlichen Kreisen genauso wenig Privatsache wie Eheschließungen. So hatten Elisabeths Eltern, Prinzessin Ludovika Wilhelmine von Bayern und Herzog Maximilian Joseph in Bayern, nur auf Veranlassung ihrer Eltern und seines Großvaters geheiratet.

Elisabeths Vater Maximilian Joseph kam am 4. Dezember 1808 in Bamberg als einziges Kind von Herzog Pius August in Bayern und Amalie Luise Prinzessin von Arenberg zur Welt. Pius entstammte wie der bayerische König Maximilian I. Joseph einer Birkenfelder Nebenlinie der Wittelsbacher. Er hatte einen cholerischen Charakter, provozierte oft brutale Schlägereien und wurde 1819 unter Polizeiaufsicht gestellt. Nach dem frühen Tod seiner Frau soll Pius völlig zurückgezogen gelebt haben.

Die Kindheit von Max war geprägt durch die Konflikte zwischen den Eltern und die drakonische Strenge eines Erziehers. Liebe oder Geborgenheit dürfte er auch beim Großvater Wilhelm, der 1799 den erblichen Titel «Herzog in Bayern» erhalten hatte, nicht gefunden haben. Auf Anregung des Großonkels König Max I. Joseph übersiedelte der verstörte und eingeschüchterte Knabe 1817 nach München. Am «Königlichen Erziehungsinstitut für Studirende» gemeinsam mit Gleichaltrigen erzogen und unterrichtet, entwickelte Max sich zu einem aufgeweckten, fröhlichen Jungen. Im Institutsleiter Benedikt Holland dürfte er eine Bezugsperson gefunden haben. So nahm ihn der begabte Pädagoge etwa auch zu privaten Besuchen bei seinem Bruder mit: Von den Fenstern dieser Wohnung aus konnte der Junge auf dem Dultplatz, dem heutigen Maximilianplatz, Vorführungen in den nach oben offenen Zirkuszelten und Kunstreiterbuden verfolgen. Weckte Benedikt

Die Mutter: Herzogin Ludovika. Foto

Holland zufällig die Zirkusleidenschaft seines herzoglichen Zöglings, so förderte er dessen Liebe zu Musik und Literatur ganz bewusst.

1820 besuchte Amalie Luise ihren Sohn, den sie fast drei Jahre nicht gesehen hatte, für zwei Wochen in München. Als sie im Frühjahr 1823 kurz nach einem zweiten Treffen starb, reagierte Max mit verzweifelter Trauer. Der Großvater Wilhelm bemühte sich sein Leben lang, wie in einem Brief vom 10. April 1823 versprochen, den «erlittenen großen Verlust nach allen meinen Kräften zu ersezen»[2].

Im Oktober 1823 verließ der noch nicht fünfzehnjährige Herzog auf Anordnung des Königs die Schule. Er erhielt in der «Maxburg» eine Wohnung. Neben den standesüblichen militärischen Übungen ging Max seiner Reitpassion und verschiedenen Studien nach. Nach dem Tod des Förderers Max I. Joseph 1825 kam er selbst für seinen Lebensunterhalt auf.

König Ludwig I. profilierte sich schon nach seiner Thronbesteigung als Kulturpolitiker, verlegte die Universität Landshut nach München und verlieh ihr mit der Berufung hervorragender Wissenschaftler Gewicht. Zentrales Medium seiner Politik war aber die Kunst. Ludwig I. verstand sich als Pädagoge: Er konzipierte die Münchener Museen, die Glyptothek wie die Pinakothek, als öffentliche Bildungsstätten; mit architektonischen Großprojekten wie der Walhalla bei Regensburg oder der Bayerischen Ruhmeshalle auf der Theresienwiese wollte er einen Beitrag leisten «zur Schaffung und Festigung eines historisch begründeten dynastischen Bewußtseins wie zu einem regional verankerten Patriotismus»[3].

Max verbanden mit dem mehr als zwanzig Jahre älteren König durchaus gemeinsame Interessen. Wie Ludwig I. betätigte auch er sich später als schriftstellernder Dilettant. Dank der königlichen Bildungsreform konnte der Herzog zahlreiche Vorlesungen an der neuen Universität München besuchen. An Ludwigs städtebaulichem Prestigeprojekt, der prunkvollen Umgestaltung der Schwabinger Landstraße, hatte Max wesentlichen Anteil. Nachdem im Dezember 1827 die von langer Hand geplante Verlobung mit Ludovika, der Halbschwester des Königs, bekannt gegeben worden war, erfolgte 1828 die Grundsteinlegung zu dem von Leo von Klenze erbauten Prachtpalais an der neuen Ludwigstraße. Ludwig I. war freilich dem jungen Verwandten keineswegs so gewogen wie sein Vater. Obwohl Max frei von allen machtpolitischen Ambitionen war – an den Sitzungen der Reichsratskammer nahm er nur pflichtgemäß teil –, wurde er vom Autokraten Ludwig noch vor der Hochzeit in die Schranken verwiesen: Die Herzöge in Bayern sollten nur mehr als «Hoheit» und nicht mehr als «Königliche Hoheit» tituliert werden. Das Attribut «königlich» wurde Max erst 1845 wieder zugestanden.[4]

Herzog Max genoss auch nach seiner Hochzeit am 9. September 1828 in der Tegernseer Schlosskirche ein freies Leben. Um seine im Lauf der Jahre immer größer werdende Familie kümmerte er sich wenig. Emotionale Nähe suchte er in außerehelichen Beziehungen. Mit dem von der Mutter geerbten Vermögen kaufte er die Schlösser und Hofmarken Possenhofen und Garatshausen am Starnberger See. Nach dem Tod von Großvater und Vater 1837 fielen ihm die jährliche Apanage von 250 000 Gulden sowie alle Besitzungen und Vermögenswerte zu. Herzog Max durchlief zwar die standesübliche militärische Karriere, 1857 wurde er schließlich General der Kavallerie, erfüllend waren aber diese soldatischen Pflichten wie auch die Verwaltung des Familienvermögens nicht.

Bis Mitte der vierziger Jahre war das Max-Palais an der Ludwigstraße Zentrum des ausgelassenen Münchener Gesellschaftslebens. Der als trinkfest und gesellig bekannte Herzog veranstaltete Feste, Theateraufführungen, Soupers, Bälle und Zirkusaufführungen, bei denen er «auf Prachtexemplaren seines Stalles die ‹Spanische Schule› ritt» oder «riesige Spektakelstücke à la Mazeppa mit wilden Pferden, Jagd- und Parforcereiten, Soldatenscenen mit Belagerungen und Knalleffecten»[5] inszenierte.

Von Jugend an literaturinteressiert, veröffentlichte Herzog Max unter dem Pseudonym Phantasus in den dreißiger Jahren romantisch-phantastische Novellen. Über die nur knapp fünf Wochen nach der Geburt der Tochter Elisabeth angetretene achtmonatige Reise nach Griechenland, Ägypten und ins Heilige Land veröffentlichte er 1839 unter seinem Namen den unprätentiösen Bericht «Wanderung nach dem Orient». 1846 wurde am Münchner Hof- und Nationaltheater (anonym) seine Dialekt-«Alpenscene» «Der Fehlschuß» aufgeführt.[6]

Herzog Max in Bayern betätigte sich aber nicht nur als schriftstellernder Dilettant, erhalten sind auch mehr als sechzig Kompositionen. Unter der Anleitung des Wieners Johann Petzmayer, den er 1837 zu seinem «Kammervirtuosen» ernannte, entwickelte sich Max zu einem populären Zitherspieler, der gerne inkognito in Dorfwirtschaften auftrat. Darüber hinaus bewies der «Zithermaxl», wie er liebevoll genannt wurde, auch als Sammler und Herausgeber Interesse für Volksmusik.[7]

Obwohl es im Lauf der Zeit im Palais an der Ludwigstraße etwas ruhiger wurde, verzichtete der Herzog bis ins Alter nicht

auf Unterhaltung. Von 1843 an scharte er um sich eine «Tafel-
runde», der er als «König Artus» vorstand: Man speiste, trank,
sang, trug Texte vor und
hielt Scherzreden. In späteren Jahren sammelte Her-
zog Max, der bei aller Exal-
tiertheit auch zu Melancholie neigte, Kunst und betrieb
intensive historische Studien: Seine Bibliothek um-
fasste 27 000 Bände. Er starb
nach längerer Krankheit am
15. November 1888 in Mün-
chen.

Meine Zither.

Das Liebste auf der weiten Welt
Ist mir der trauten Zither Spiel,
Ich schätz es mehr als alles Geld
Und kostet's auch der Mühe viel.
[…]
Drum ist mir wohl bei ihr allein,
Weil sie, die einz'ge, mich versteht
Ich lass' die Menschen Menschen sein
Und spiel' auf ihr von früh bis spät.

Herzog Max in Bayern

Die Königstochter Ludovika kam am 30. August 1808 in
München zur Welt. Sie war das siebente Kind aus Max I. Josephs
zweiter Ehe mit Prinzessin Caroline von Baden und Hochberg.
Die Königin legte Wert auf nüchterne Disziplin: «[…] ‹une
princesse prend le mari, qu'on lui donne›, hiess es nach da-
maliger Anschauung, daher musste alles, was nach Romantik
und Sentimentalität schmeckte, von den jungen Mädchen fern-
gehalten werden; selbst die deutschen Klassiker waren ver-
pönt.»[8] Ludovika oder «Louise», wie sie in der Familie genannt
wurde, war ein sehr schönes Mädchen: «[…] gross, dunkel-
blond, mit wundervollen blauen Augen, üppigen Haaren und
frischen Gesichtsfarben»[9]. Sie war gewissenhaft, leidenschafts-
los und wenig phantasiebegabt. Die Enkelin Amélie von Urach
erwähnt ihre schonungslose Offenheit gegenüber Angehörigen und ihren «trockene[n], altbayerischen Humor», ergänzt
aber: «Ein merkwürdiger Zug ihrer sonst etwas nüchternen
Gemütsart, war die Neigung zur Melancholie.» Bei aller «Liebe
zur freien Natur» habe sie sich auch für Geschichte, Geogra-
phie und Sternenkunde interessiert. Mit Kunst habe sie aber
abgesehen von «eine[r] grosse[n] Vorliebe für Uhren und Baro-
meter» wenig anzufangen gewusst.[10]

Ludovika heiratete mit zwanzig Jahren den Mann, den
man ihr gab. Hatte sie als Kind noch mit dem einige Monate

jüngeren Cousin Max freundliche Briefe gewechselt, so verhielt sie sich dem zukünftigen Bräutigam gegenüber eher distanziert. Am 6. Januar 1827 antwortete sie pflichtbewusst auf ein wohl ähnlich floskelreiches Schreiben: «Es freut m. r. sehr, dass Du so viel Werth auf m. Zuneigg. legst u. dass Du v. m. begehrst, dass ich Dir m. Gesinnungen ausspreche, so kann ich Dir versichern, dass sie gew. d. freundschaftlichsten sind.»[11]

Obwohl sie aus Prestige- wie Neigungsgründen am portugiesischen Thronfolger Miguel interessiert gewesen war und Herzog Max in Bayern nicht liebte, hoffte Ludovika, mit ihm zufrieden zusammenleben zu können. Von Charakter grundverschieden und ohne jedes gemeinsame Interesse lebten sie aber nebeneinander her. Amélie von Urach resümierte: «Grossmama hielt auf Wahrung der Hofformen. Grosspapa liebte eine gewisse Ungebundenheit. Er hielt auf Elégance in der Toilette; Grossmama hasste hierin Zwang, überwand sich aber, um ihm zu gefallen. Sie ist ihm zeitlebens eine pflichttreue Frau gewesen.»[12] Waren die gesellschaftlichen und moralischen Grenzen für sie eng gesteckt, so genoss ihr Mann den Freiraum der zeitgenössischen Rollenmuster.

Die ersten kinderlosen Jahre müssen für Ludovika hart und einsam gewesen sein. Die große Ernüchterung fasste sie später in der Bemerkung zusammen: «Wenn man verheiratet ist, fühlt man sich so verlassen.»[13] 1831 wurde der Sohn Ludwig geboren. 1832 kamen Pius und Wilhelm zur Welt, die bald starben. Auf Helene, die 1834 geboren wurde, folgte 1837 Elisabeth. Carl Theodor, Marie, Mathilde, Sophie und Max Emanuel kamen 1839, 1841, 1843, 1847 und 1849 zur Welt. Bis auf Marie und Sophie hatten sie alle wie Sisi eigene Rufnamen: So hießen Ludwig «Louis» und Helene «Nené», Carl Theodor wurde von den Jüngeren zu «Gackel» verballhornt, der als Kind schwachen Mathilde blieb der Name «Spatz» und der Jüngste wurde einfach «Mapperl» gerufen. Ludovika folgte dem Grundsatz: «Man kann nie genug Kinder haben.»[14] Die Kinder, später die Enkel und Hunde, vorwiegend Spitze, sorgten für Gesellschaft.

Über ihren Mann bemerkte sie nach mehr als fünfzig Ehejahren resigniert, erst «von der goldenen Hochzeit an sei er gut für sie gewesen»[15]. Bis ins hohe Alter, abgesehen von häufigen Migräneanfällen, von robuster Gesundheit, starb Herzogin Ludovika in Bayern drei Jahre nach Max am 26. Januar 1892.

Meiner Mutter zum 80. Geburtstage.
Ich bitte Gott, Er möge gnädig senden
Dir manchen Sommer noch, wie du ihn liebst,
Wo Frische dir die Sonnenstrahlen spenden
Und Stunden du im Buchenhain verbliebst.
Nachts aber soll der Mond sein Antlitz wenden
Dir zu, wie Du entzückt mir jüngst beschriebst.
Wem die Natur so lieblich weiss zu blühen,
Vor dem wird lange noch das Alter fliehen!

Elisabeth

EINE GLÜCKLICHE KINDHEIT?

Ludovika oder «Mimi», wie sie von den drei Söhnen und fünf Töchtern genannt wurde, war das Zentrum der herzoglichen Familie. Anders als damals in adeligen Kreisen üblich, kümmerte sie sich persönlich um die Erziehung ihrer Sprösslinge. Obwohl sie sich bewusst gegen jene körper- und emotionsfeindliche Disziplinierung entschied, die sie selbst erlebt hatte, hielt sie doch auf gute Manieren und allgemeine Bildung. Sie bemühte sich um Lehrpersonal, ließ sich in ihrer Auswahl aber oft mehr von Äußerlichkeiten als von den besonderen Bedürfnissen ihrer Kinder leiten. Im Winter wohnte Ludovika im prachtvollen Palais an der Ludwigstraße, den Rest des Jahres verbrachte sie in «Possi», wie das einfache Schloss Possenhofen von allen liebevoll genannt wurde. Dort führte die Herzogin «ein einfaches Landleben», Ludovika erzählte später, auch sie sei in diesen Sommern «etwas verbauert».[16] Anders als ihr Mann blieb sie zwar auf Distanz zur Landbevölkerung, Amélie von Urach stellt aber fest: «Von ihr haben wir wohl alle die grosse Liebe zur freien Natur, zu Wald und Wiese, zum Aufenthalt in frischer Luft, zu stundenlangen Fusswanderungen.»[17]

1892, wenige Wochen nach dem Tod der Mutter von ihrem griechischen Vorleser Constantin Christomanos auf ihre weiten Spaziergänge angesprochen, erwähnte Elisabeth nur ihren Vater: *«Ich werde auch niemals müde, entgegnete sie. Wir, meine Schwestern und ich, haben dies unserem Vater zu ver-*

danken. ‹*Man muß auch gehen lernen*›, *sagte er uns immer und hielt uns einen berühmten Lehrmeister dafür.*»[18] Die wenigen erzieherischen Intermezzi, die der meist abwesende Herzog Max seinen Kindern gönnte, dürften bei diesen einen bleibenden Eindruck hinterlassen haben. Er begeisterte sie nicht nur fürs Schwimmen, Reiten, Rudern und Segeln, sondern interessierte sie auch für Pflanzen und Tiere.

In fast allen Biographien ist von der glücklichen Kindheit der Kaiserin Elisabeth die Rede. Natürlich war sie dank ihrer Herkunft privilegiert. Zugleich blieb ihr im Gegensatz zu Ludovika das Korsett höfisch-strenger Erziehung erspart. Auch wuchs sie anders als Max in einer großen Familie auf und hatte in ihrer Mutter eine immer präsente Bezugsperson. Trotzdem dürften sie die schlechte Ehe der Eltern, die Abwesenheit des Vaters und Ludovikas resignative Selbstbeschränkung stark beeinflusst haben.

So bleibt auch Elisabeths retrospektives Selbstbild widersprüchlich. Dichtete sie in ihren *Winterliedern* 1887 selbstgewiss: *Ich bin ein Sonntagskind, ein Kind der Sonne*[19], so erklärte sie ähnlich abergläubisch ihrer Nichte Marie Larisch das eigene wie das Unglück anderer Familienmitglieder aus einem Fluch, den ihre Mutter vor der Heirat 1828 ausgesprochen haben soll.[20] Auch ein im August 1887 niedergeschriebenes poetisches Bekenntnis lässt sich auf ihre Kindheit beziehen: *Denn zu fliehen die Familie, / War mein Drang von jeher doch.*[21]

Es sind nur wenige Charakterisierungen von Elisabeth als Kind zugänglich. Amélie von Urach gibt Ludovikas Aussage wieder, «sie sei ein besonders gutes Kind gewesen; oft sparte sie sich ein Stück Kuchen vom Munde ab, um es ihrer Kammerfrau zu geben»[22]. In einem Brief an Gräfin Théodolinde von Württemberg schilderte die Mutter 1846 Sisi als sanft «und von sehr skrupelvoller Natur»[23]. Richard Sexau weist in seiner Biographie «Fürst und Arzt. Dr. med. Carl Theodor in Bayern» darauf hin, dass Sisi sich eng an ihren eineinhalb Jahre jüngeren Bruder Gackel angeschlossen habe. Wie gut sie damit zurechtkam, dass dieser Ludovikas Liebling war, muss offen bleiben. Egon Cäsar Conte Corti, der in seiner Biographie

Sisi und ihr Lieblingsbruder Carl Theodor, genannt «Gackel»

«Elisabeth, die ‹seltsame Frau›» heute unzugängliche Quellen und nicht mehr überprüfbare Aussagen von Zeitgenossen auswertete, charakterisiert sie als zartes und überempfindliches, aber charmantes Mädchen. Begeistert von ihren Tieren, «fortwährend in Bewegung», am liebsten in der freien Natur, habe Elisabeth wenig fürs Lernen übrig gehabt: Nur beim Zeichnen sei sie still gesessen.[24]

Auf diese Beschreibungen, die alle von geschlechtsspezifischen Erziehungsvorstellungen des 19. Jahrhunderts ausgehen, kann man nicht moderne psychoanalytische, psychologische oder psychiatrische Diagnoseverfahren anwenden. Fest steht aber, dass weder die Eltern noch die Erzieherinnen Elisabeth ein stabiles Selbstwertgefühl vermittelten. Manches spricht auch dafür, dass sie sich nie aus der symbiotischen Beziehung zu ihrer Mutter löste: Die lebenslange große «Anhänglichkeit» an «Mimi» war laut Amélie von Urach «mit einem eigenen Widerspruchsgeist gepaart […], der sie dazu trieb», Ludovika «Dinge zu sagen, die sie verletzten oder doch zumindest sehr erstaunten».[25] Dass Elisabeth ihren Hass später gegen die Schwiegermutter richtete, sollte sie vielleicht auch davor bewahren, sich mit der Beziehung zur Mutter auseinander zu setzen.

MÄRZREVOLUTION UND PUBERTÄT

Ludwig I. setzte zwar wirtschaftliche Reformen durch und festigte die Stellung Bayerns als Mittelstaat im Deutschen Bund, aufgrund seiner autokratischen Herrschaftsauffassung regierte er aber ohne seine Minister und gegen den Landtag. Der König verkannte «das Gewicht der konstitutionellen Tendenzen der Vormärzzeit, die auf eine Durchsetzung des Prinzips der Volkssouveränität hindrängten»[26]. Die innenpolitischen Spannungen entzündeten sich schließlich an seiner Liebesaffäre mit Lola Montez, die sich in München als spanische Tänzerin präsentierte. 1847 setzte der König gegen große Widerstände ihre Ernennung zur Gräfin von Landsfeld durch. Das emanzipiert-machtbewusste Verhalten von Lola Montez provozierte Unruhen. Wegen Studentenprotesten ließ Ludwig schließlich Anfang Februar 1848 die Universität schließen. Als die Situation zu eskalieren drohte, nahm er diese Entscheidung wieder zurück und verfügte am 12. Februar die Abreise der Geliebten.

In der noch immer aufgeheizten Stimmung erreichte Ende Februar die von Frankreich auf ganz Europa ausstrahlende revolutionäre Bewegung Bayern. In den so genannten Märzforderungen wurden von Ludwig konstitutionelle Reformen verlangt, denen er unter dem Druck der Straße am 6. März zustimmte. Das Land im Sinn eines modernen Repräsentativsystems zu regieren widersprach aber seiner Herrschaftsauffassung: Ludwig I. trat am 19. März 1848 zugunsten seines Sohnes Maximilian II. Joseph zurück. Anders als in Wien oder Berlin verlief die Märzrevolution in Bayern unspektakulär: Der Unmut des Volkes richtete sich vor allem gegen den König und Lola Montez. Der allgemein beliebte Herzog Max in Bayern und seine Familie waren nur am Rande betroffen.

Im Juni 1848 folgte Herzogin Ludovika der Einladung ihrer Schwester Sophie nach Innsbruck. Reiste sie mit dem Lieblingssohn Gackel und den Töchtern Nené und Sisi quasi in die Sommerfrische, so war Erzherzogin Sophie mit dem gesamten Wiener Hof aus ernsteren Gründen in Tirol.

Der österreichische Kaiser Ferdinand I. war ein menschenfreundlicher, hilfsbereiter und frommer Mann, über auch nur durchschnittliche geistige Fähigkeiten oder ein klares Urteilsvermögen verfügte er nicht. Überdies litt er unter oft lebensbedrohlichen epileptischen Anfällen. Sein Vater, Franz I., hatte daher vor seinem Tod 1835 testamentarisch verfügt, dass eine «Staatskonferenz» für Ferdinand die Regierung führen solle. Rivalitäten zwischen dem mächtigen Fürst Klemens Wenzel Metternich und anderen Mitgliedern dieses Gremiums führten zu innenpolitischer Stagnation.

Angestachelt von der französischen Februarrevolution wurde am 13. März 1848 in Wien der greise Metternich und sein auf Polizei und Zensur gestütztes Regierungssystem gestürzt. Als nach eher vorsichtigen Vorschlägen zu konstitutionellen Reformen radikalere liberale Forderungen gestellt wurden, brach die Regierungsautorität zusammen. Parallel dazu breitete sich im österreichischen Vielvölkerstaat eine nationale Aufbruchsstimmung aus: In der Lombardei kam es zu Aufstand und Krieg, in Prag organisierten sich die Slawen, Ungarn strebte die Abspaltung an, sodass schließlich das Zerbrechen der Habsburgermonarchie drohte. In dieser schwierigen Situation übersiedelte Kaiser Ferdinand im Mai 1848 in das kaisertreue Innsbruck.

Zu seinem Gefolge zählte auch Ludovikas Schwester Erzherzogin Sophie, die seit November 1824 mit Ferdinands Bruder Franz Carl verheiratet war. Die hochintelligente, politisch interessierte, willensstarke und schöne Tochter des bayerischen Königs Max I. Joseph hatte sich auf den hässlichen wie ihr in jeder Hinsicht unterlegenen Habsburger eingelassen, weil sie sich angesichts der gesundheitlichen Probleme von Ferdinand für ihn und damit für ihre Söhne Chancen auf die Thronfolge ausrechnete. Nach fünf Fehlgeburten brachte die Erzherzogin am 19. August 1830 Franz Joseph zur Welt. Obwohl noch drei Söhne folgten, konzentrierte sie ihren Ehrgeiz auf den Erstgeborenen. Sie erzog Franz Joseph von Geburt an zum Kaiser: Schon dem Kleinkind wurden Gehorsam, Ordnungsliebe und Pünktlichkeit beigebracht, später folgte die viele Wissensgebiete und mehrere Sprachen umfassende Ausbildung sowie die militärische Erziehung. Obwohl ihr Schwager Ferdinand schließlich doch heiratete und durchaus einen legitimen Thronfolger hätte zeugen können, obwohl er 1835 zu ihrem Entsetzen Kaiser wurde, drillte sie Franz Joseph zum stillen, fleißigen, frühreifen und gehorsamen Musterknaben. Erzherzogin Sophie ist kein direkter Eingriff in politische Entscheidungen nachzuweisen, dass sie Einfluss hatte, steht aber außer Zweifel. So betrieb sie während der Revolutionsmonate 1848 die Ablösung des führungsschwachen Kaisers, drängte ihren Mann zum Thronverzicht und ließ ihren siebzehnjährigen Sohn, um seine Eignung für das Herrscheramt auch militärisch unter Beweis zu stellen, in Italien kämpfen.

Als Sophie im Juni 1848 ihre jüngste Schwester nach Innsbruck einlud, war die Situation unübersichtlich: Der Aufstand in Prag sollte erst nach Pfingsten mit Gewalt niedergeschlagen, die Lombardei erst Ende Juli militärisch besiegt werden, auch in Wien war die Regierungsautorität noch nicht wieder hergestellt. Ob die Erzherzogin 1848 schon hoffte, in der ältesten Tochter Ludovikas eine passende Partnerin für Franz Joseph zu finden, oder ob sie nur die räumliche Nähe zu einem Zusammensein mit der Schwester nutzen wollte, kann nicht mehr geklärt werden. Die zehnjährige Sisi jedenfalls genoss den Aufenthalt und die schwärmerische Verehrung des dritten Sohns von Sophie. Obwohl sie mit der romantischen Liebe ihres Cousins wenig anfangen konnte, wechselte sie in den folgenden Monaten mit Carl Ludwig Briefe und Geschenke.[27]

Noch im Sommer 1848, als sich die Lage zu beruhigen schien, kehrte Ferdinand I. mit seinem Hof nach Wien zurück. Wegen der verheerenden sozialen und wirtschaftlichen Situation kam es aber immer wieder zu Krawallen. Anlässlich der Mobilisierung für einen Krieg gegen die aufständischen Ungarn erreichte die Revolution in Wien ihren Höhepunkt. Ferdinand floh nach Olmütz im Norden Mährens. Wien wurde belagert und Ende Oktober gestürmt. Trotz der gewaltsamen Niederschlagung der Revolution suchte die neue Regierung unter Fürst Felix zu Schwarzenberg zunächst einen liberalen wie national-föderalen Kompromiss.

Um diesen Neuanfang zu unterstützen, trat Kaiser Ferdinand I. am 2. Dezember 1848 in Olmütz zugunsten seines nun achtzehnjährigen Neffen Franz Joseph zurück. Erzherzogin Sophie erklärte einen Tag später stolz in einem Brief: «Unter uns gesagt – wir dürfen es uns eingestehen – wir haben einen guten Kampf gekämpft, als schwache Weiber, aber in Gottes Hand!»[28]

Geprägt vom Revolutionsjahr 1848 und dem schwierigen Kampf um Ungarn, das erst im August 1849 mit russischer Unterstützung niedergezwungen werden konnte, vertrat Franz Joseph I. eine zentralistische und absolutistische Herrschaftsauffassung. Das Ziel, die Integrität seines Reichs und die kaiserliche Autorität wieder herzustellen, erreichte er mit Hilfe seines wichtigsten Beraters: Fürst Felix zu Schwarzenberg. Dieser erzwang 1850 gegen preußischen Widerstand die Wiederherstellung des Deutschen Bundes und eroberte so für Österreich seine zentrale außenpolitische Rolle zurück. 1851 hob Schwarzenberg die Märzverfassung mit den darin erteilten Grundrechten wieder auf, die neoabsolutistische Regierungsform setzte sein Nachfolger durch. Dass das gut organisierte Polizeisystem und die auf einen durchaus modernen Stand gebrachte Verwaltung die liberalen und nationalen Bestrebungen nicht zügeln konnten, sollte sich erst später zeigen.

Der bayerische König Max II. übernahm 1848 von seinem zurückgetretenen Vater zwei große Aufgabenkomplexe: die

verfassungsrechtliche Umsetzung der revolutionären Libera-
lisierungsforderungen und die «Deutsche Frage». Anders als
Franz Joseph fügte sich der in den Augen seiner Zeitgenossen
wegen seiner Vorliebe für Fachberater oft zu zögerliche Max
in die Rolle des konstitutionellen Herrschers. Als besondere
innenpolitische Leistung gilt sein für das 19. Jahrhundert un-
gewöhnliches, statistisch wie wissenschaftlich begründetes
Sozialprogramm zur Bekämpfung der Massenarmut in Bayern.
Außenpolitisch zerrieben zwischen den preußischen Unions-
plänen und dem wieder erstarkten Österreich, konnte sich das
Königreich aber nur schwer behaupten.

Wie sein Vater leistete Max II. Entscheidendes in der Kulturpolitik: Bayern sollte geistige Vormacht in Mitteldeutschland sein. Obwohl er architektonische Projekte verfolgte wie die Errichtung der Maximilianstraße in München und den Bau des Schlosses Hohenschwangau, förderte er vor allem die Wissenschaft. Er reformierte aber auch das Schulwesen, machte mit von den Bayern als «Nordlichter» skeptisch gemiedenen Schriftstellern wie Emanuel Geibel und Paul Heyse München zu einer Dichterstadt und förderte die bayerische Volkskultur.

Herzog Max in Bayern hatte auch unter Max II. am Münchener Hof keine Pflichten zu erfüllen. Ludovika genoss mit ihren Kindern in Possenhofen ein völlig unabhängiges, naturverbundenes Leben. Aber auch in den Wintern gab es in München, abgesehen von Gesellschaftsveranstaltungen und Theaterbesuchen, wenig Abwechslung. Dafür sorgte wie früher der

Schloss Possenhofen am Starnberger See. Gouache, 1854

Vater: Im August 1852 unternahm er mit seiner Frau, dem Sohn Carl Theodor und den Töchtern Helene und Elisabeth eine Reise nach Bozen, Triest und Venedig.

Sisi schloss sich in diesen Jahren ihrem Bruder Gackel an. Die Geschwister sprachen über Religion und zeitgenössische Poesie.[29] Sisi weihte den Jüngeren aber auch in ihre ersten Jungmädchen-Schwärmereien ein und zeigte ihm eigene Gedichte und Zeichnungen. Egon Cäsar Conte Corti konnte Elisabeths illustriertes Lyrikbüchlein aus den Jahren 1852 und 1853 einsehen. In seiner Elisabeth-Biographie zitiert er ausführlich aus dem heute leider nicht zugänglichen Dokument. Als Elisabeths romantische Liebe zu einem am herzoglichen Hof verkehrenden jungen Mann entdeckt und der Schwarm Richard aus ihrer Nähe entfernt wurde, dichtete die Vierzehnjährige in pubertärem Überschwang:

> *Du frische junge Liebe,*
> *So blühend wie der Mai,*
> *Nun ist der Herbst gekommen*
> *Und alles ist vorbei.*[30]

Als Richard nach seiner Rückkehr an den Hof erkrankte und starb, zeichnete sie den Leichenzug und versuchte ihre tiefe Trauer, die zur Sorge der Mutter depressive Züge annahm, in gewagten Reimen auszudrücken:

> *Die Würfel sind gefallen,*
> *Ach, Richard ist nicht mehr!*
> *Die Trauerglocken schallen –*
> *Oh, hab Erbarmen, Herr!*
> *Es steht am kleinen Fenster*
> *Die blondgelockte Maid.*
> *Es rührt selbst die Gespenster*
> *Ihr banges Herzeleid.*[31]

Anfang 1853 interessierte Elisabeth sich schließlich für den jungen Grafen «F. R.», der ihre Zuneigung aber nicht erwiderte. Trotz dieser ersten Schwärmereien galt das Interesse der Fünfzehnjährigen aber keineswegs zukünftigen Ehepartnern. Sie begeisterte sich, wie sie am 29. April 1853 an ihre Erzieherin Gräfin Hundt-Wulffen schrieb, fürs Reiten: *Seit kurzer Zeit nehmen Helene, Gräfin Otting und ich Reitstunden. Sie können sich wohl denken, wie sehr uns dieses freut ... Obwohl ich erst 3 Stunden gehabt habe, bin ich doch schon auf drei Pferde gekommen und darf von nun an auf der Lady reiten ...*[32]

Obwohl Elisabeth noch sehr kindlich war und sich erst langsam von einem plump aussehenden «Bauernmädel»[33] zu einer Frau entwickelte, suchte ihre Mutter für sie einen standesgemäßen Bräutigam. An ihre Schwester Königin Marie von Sachsen schrieb Ludovika am 7. April 1853: «Sisi bei Euch zu wissen, würde ich freilich als ein grosses Glück ansehen, [...] aber leider ist es nicht wahrscheinlich – denn der einzige, der zu hoffen wäre, wird schwerlich an sie denken; erstens ist sehr die Frage, ob sie ihm gefiele u. dann wird er wohl auf Vermögen sehen ... hübsch ist sie, weil sie sehr frisch ist, sie hat aber keinen einzigen hübschen Zug.»[34] Von der Reise nach Dresden kam Elisabeth ohne Zukünftigen zurück.

Als sie im August 1853 mit der Mutter und der Schwester Helene nach Bad Ischl aufbrach, war sie weder emotional vorbereitet auf die Partnerschaft mit einem Mann noch erwachsen genug, um die Aufgaben einer Kaiserin zu übernehmen.

Seelenbrautfahrt (1853 – 1860)

Am 24. August 1853 meldete die «Wiener Zeitung»: «Seine k. k. Apostolische Majestät unser allergnädigster Herr und Kaiser, Franz Joseph I., haben während Allerhöchst Ihres Aufenthaltes zu Ischl Ihre Hand der durchlauchtigsten Prinzessin Elisabeth Amalie Eugenie, Herzogin in Bayern, […] anverlobt.»[35] Für Unbeteiligte war die Nachricht eine Sensation, für Elisabeth bedeutete diese Entscheidung den plötzlichen Wechsel in eine ihr völlig fremde Umgebung.

Verlobung in Ischl

Franz Joseph I. war mit seinen fast 23 Jahren Europas begehrtester Junggeselle. Die Vorauswahl der Braut überließ er seiner Mutter. Nachdem Pläne mit anderen deutschen Prinzessinnen gescheitert waren, wandte Sophie sich an ihre Schwester Ludovika und vereinbarte eine Heirat mit der neunzehnjährigen Helene. Das entscheidende Treffen sollte am 16. August 1853 in Bad Ischl stattfinden.

Als Herzog Max kein Interesse an dieser Reise zeigte, nahm die Herzogin in Bayern neben ihrer Ältesten auch die immer unternehmungslustige Elisabeth ins Salzkammergut mit. Schon beim ersten Zusammentreffen gefiel Franz Joseph die steif und streng wirkende Helene weniger gut als ihre zwar schüchterne, aber kindlich-unbefangene Schwester.[36] Beim Ball am nächsten Abend setzte er klare Zeichen: Er tanzte mit Elisabeth den Cotillon und überreichte ihr das Blumenbukett. Anders als die versammelte Gesellschaft verstand die Fünfzehnjährige die Gesten nicht und fühlte sich nur *«geniert»*[37]. Am 18. August, seinem 23. Geburtstag, bat Franz Joseph schließlich Sophie, bei Ludovika vorzufühlen. Diese berichtete einer Verwandten einen Tag später: «Gestern Abend hat der Kaiser durch seine Mutter mich beauftragt, mit Sisi zu sprechen. – Es war so rührend, – er wollte durchaus nicht, dass man ihr zureden sollte, es müsse ihre freie Wahl seyn, und er liesse Sisi fragen, ob sie den Muth hätte, seine schwere Stellung mit ihm zu theilen! – Aber es bedurfte keines Zuredens, sie liebt ihn, wie es wohl begreiflich ist, und ich darf sagen, seine freundlich glänzenden Blicke sprechen es aus, dass er sie liebt und sich glücklich fühlt. – Sie war sehr überrascht und sehr ergriffen, aber auch sie sieht glücklich aus.»[38] Ludovika, der eine ihrer königlichen Abstammung angemessene Partie und die Liebe ihres Mannes versagt geblieben waren, dürfte der Tochter freilich schon allein wegen des eigenen Prestigegewinns keine Wahl gelassen haben: «Dem Kaiser von Österreich gibt man keinen Korb.»[39] Sisi fühlte sich möglicherweise geschmeichelt, Äußerungen wie: *«Ich habe den Kaiser so lieb! Wenn er nur kein Kaiser wäre ...»*[40] dokumentieren aber vor allem Überforderung. Ihrer Lieblingstochter Marie Valerie gegenüber äußerte Elisabeth 1889, *«die Ehe sei eine widersinnige Einrichtung. Als 15jähriges Kind wird man verkauft und tut einen Schritt, den man nicht versteht und dann 30 Jahre länger bereut»*[41].

Nach Ludovikas schriftlichem Jawort und einem kurzen Gespräch zwischen den Brautleuten machte Franz Joseph am 19. August 1853 die Verlobung publik. Vor der offiziellen Meldung in der «Wiener Zeitung» mussten noch Elisabeths Vater Herzog Max und als Chef der Wittelsbacher der bayerische König Max II. ihr Einverständnis erklären. Auch der päpstliche Dispens für die Eheschließung zwischen Cousins ersten Grades musste abgewartet werden. Dass Franz Joseph bis zum Aufbruch aus Ischl am 31. August verliebt und glücklich war, ist belegt. Über Elisabeths Reaktionen ist wenig bekannt. Plötzlich in den Mittelpunkt des gesellschaftlichen Lebens gedrängt, stellte sie sich schüchtern und brav dem Trubel. Zwischen Diners, Spazierfahrten, Bällen und Tees blieb ihr keine Zeit nachzudenken: In freien Minuten musste sie für Porträts sitzen.

Zurück in Schönbrunn, beschrieb Franz Joseph den «harte[n] und schwere[n] Sprung aus dem irdischen Himmel in Ischl in die hiesige papierene Schreibtischexistenz mit ihren Sorgen und Mühen»[42]. In glücklicher Stimmung hob er zwar in Wien, Graz und Prag den Belagerungszustand auf. Abge-

lenkt von «unendlicher Sehnsucht nach Westen»[43], schob
er aber außenpolitische Entscheidungen hinaus. Durch die
Schwäche des Osmanischen Reichs kam es im Herbst 1853 auf
dem Balkan und in Südosteuropa zu Interessenskonflikten: Im
von Russland provozierten Krim-Krieg kämpften schließlich
England und Frankreich auf Seiten der Türkei. Franz Joseph
verkannte die strategische Bedeutung dieser Auseinandersetzung für Österreich.

Elisabeth kehrte zwar Anfang September mit Ludovika
und Helene zurück nach Possenhofen, ihr Leben änderte sich
aber radikal: In acht Monaten sollte nun alles, was bisher in
ihrer Ausbildung versäumt worden war, nachgeholt werden.
Neben Sprachunterricht absolvierte sie einen Schnellkurs in
österreichischer Geschichte. Herzog Max engagierte mit Graf
Johann Mailáth von Székhely einen historischen Schriftsteller,
der zu seinem literarischen Kreis gehörte. Dieser war zwar
stolzer Ungar, verfocht aber die österreichische Gesamtstaats-
idee. Als Autor mehrbändiger populärwissenschaftlicher Ge-
schichtswerke vermittelte er seiner Schülerin neben historischen Daten eine liberale politische Grundanschauung und
weckte ihre Sympathie für Ungarn. Mailáth, der auch das Lehr-
buch «Mnemonik, oder Kunst, das Gedächtniß nach Regeln zu
stärken, und dessen Kraft außerordentlich zu erhöhen»[44] veröffentlicht hatte, war ein begabter Pädagoge. Er brachte der bisher bildungsresistenten Elisabeth erfolgreich Lerntechniken
bei: Später sollte sie sich so schwierige Sprachen wie Ungarisch und Griechisch aneignen und vielfältige intellektuelle
Interessen entwickeln.

Verwurzelt im bayerischen Dialekt und ungeübt in höfi-
scher Lebensart, musste die Kaiserbraut auch Unterricht im
vornehmen Sprechen und Tanzen nehmen. Nach Sophies
brieflichen Ratschlägen wurde die Brautausstattung zusam-
mengestellt. Das intensive Engagement der Tante für die
Hochzeitsvorbereitungen und ihre zahlreichen Ratschläge –
so sollte die Fünfzehnjährige auf bessere Mundhygiene achten und das Reiten einschränken – wirkten auf die Braut aber
eher einschüchternd.

Franz Joseph kam im Oktober 1853 nach Bayern, feierte mit Elisabeth zu Weihnachten ihren 16. Geburtstag und besuchte sie im März 1854 ein weiteres Mal. Trotz gesellschaftlicher Anforderungen und dringender politischer Geschäfte versuchte er, sich auf sie einzulassen. Er hielt brieflich Kontakt und überhäufte sie mit wertvollen Geschenken. Ihre Ängste vor dem Wiener Hof, ihre Furcht vor der strengen Schwiegermutter verstand er aber genauso wenig wie ihre depressiven Stimmungen.

Anfang März 1854 wurde der Ehepakt unterzeichnet: Herzog Max in Bayern versprach seiner Tochter ein Heiratsgut von 50 000, der Kaiser verpflichtete sich, das Privatkapital seiner Frau um 100 000 Gulden zu erhöhen. Als Apanage sollte die Kaiserin jährlich 100 000 Gulden für Kleidung und Almosen erhalten, für alle anderen Ausgaben wollte Franz Joseph aufkommen. Im Vergleich zum durchschnittlichen Verdienst der österreichischen Bevölkerung ging es um märchenhafte Summen: Ein Leutnant erhielt eine monatliche Gage von 24 Gulden; Arbeiter verdienten jährlich maximal 200 bis 300 [45], sofern sie wegen der Wirtschaftskrise und infolge der Missernte von 1853 nicht überhaupt in bitterster Armut und Hunger lebten. Gemessen am Vermögen der Habsburger waren die finanziellen Mittel der kaiserlichen Familie in Wien trotzdem relativ knapp: Bis zu seinem Tod 1875 verfügte nämlich der zurückgetretene, im Prager Hradschin lebende Kaiser Ferdinand über die umfangreichen Mittel und die ertragreichen Güter der Familie.

Am 27. März 1854 stand Elisabeth erstmals im Mittelpunkt einer hoch zeremoniösen Handlung: Im so genannten Renunciations-Akt verzichtete sie im Thronsaal der Münchener Residenz für sich und ihre Erben auf den bayerischen Königsthron.

HOCHZEIT IN WIEN

Feierlich verabschiedet von Ludwig I. und Max II. sowie den anderen Verwandten, begleitet vom Jubel der Münchener Bevölkerung, trat Herzogin Elisabeth in Bayern am 20. April 1854 ihre Reise nach Wien an. Drei Tage war sie zunächst in der Kut-

Elisabeth als Kaiserbraut. Anonymes Gemälde, 1853/54

sche bis Straubing und dann per Schiff die Donau flussabwärts unterwegs. Am 22. April wurde sie von Franz Joseph an der Anlegestelle Nussdorf nördlich von Wien unprotokollarisch-stürmisch begrüßt. Auch vom Volk wurde die in inflationären dichterischen Ergüssen besungene «Rose von Baierland» euphorisch wie keine andere Kaiserin empfangen.

Rose von Baierland,
Just im Erblüh'n.
Sollst nun am Donaustrand
Duften und glüh'n.
Rose von Baierland,
Trau dem Bericht:
Bessere Gärtnerhand
Findest du nicht.

Johann Nepomuk Vogl

Die Hoffnung, dass die Heirat den strengen Kaiser etwas milder stimmen könnte, erfüllte sich nur teilweise: Franz Joseph hob zwar in den folgenden Tagen in den Unruheprovinzen Ungarn, Lombardei und Venetien den Belagerungszustand auf, begnadigte politische Häftlinge und spendete 200000 Gulden für Notleidende, zu größeren politischen Veränderungen kam es aber nicht.

Schon bei den offiziellen Empfängen am Schiff in Nussdorf und im Sommerschloss Schönbrunn sah sich Elisabeth mit der skeptischen Hofgesellschaft konfrontiert. Der Wiener Hof war um diese Zeit der konservativste Europas. Der neoabsolutistisch regierende österreichische Kaiser sah nach den Revolutionserfahrungen im Hochadel die einzige verlässliche Stütze. Hofämter und Hofwürden waren bedeutende Machtpositionen, die nach dem alten elitären Prinzip der aristokratischen Ebenbürtigkeit vergeben wurden. Hofzugang und Hoffähigkeit hatten nur diejenigen, die einen adeligen Stammbaum bis zur Generation der Ururgroßeltern nachweisen konnten. Elisabeth war dem Wiener Hof schon aufgrund ihrer Herkunft suspekt. Da ihre Großmutter väterlicherseits zwar aus einem hochadeligen, aber keinem souveränen Haus stammte (und nur solche durften habsburgische Ehepartner stellen), stand sie nicht über der aristokratischen Gesellschaft.

Am Wiener Hof galt starre Hofetikette. Das enge Regelkorsett hatte die «Funktion, die Stellung der Bürokratie, der Öffentlichkeit und vor allem der Aristokratie zum Kaiser in strenge Regeln zu fassen. Dies geschah nicht zuletzt durch eine weitgehende Abschirmung des Privatlebens des Herrschers nach außen und durch wirksame, legitimitätsfördernde Inszenierungen von öffentlichen Auftritten.»[46] Relativ frei erzogen und in einer freundschaftlich-familiären Atmosphäre

Die Hochzeit in der Wiener Augustinerkirche. Lithographie

aufgewachsen, sah Elisabeth sich mit einer ihre gewohnte Bewegungsfreiheit und ihr Bedürfnis nach Sozialkontakten einschränkenden Überreglementierung konfrontiert. Die Sechzehnjährige, der jegliches Zeremoniell fremd war, fühlte sich von den ungewohnten repräsentativen Aufgaben überfordert. Auf Veranlassung von Erzherzogin Sophie wurde ihr als Obersthofmeisterin Gräfin Sophie Esterházy zugeteilt. Elisa-

beth mochte die sittenstrenge und gouvernantenhafte Witwe nicht, die ihr schon am ersten wie auch an den folgenden Abenden umfangreiche Schriftstücke zu Protokollfragen überreichte.

Erschöpft von der Reise und den Empfängen, verwirrt durch die skeptisch-distanzierte Haltung der Hofgesellschaft, entnervt von komplizierten Ankleidungsritualen, absolvierte Elisabeth am 23. April den traditionell pompösen Einzug in Wien weinend. Einen Tag später wurden sie und Franz Joseph in der Augustinerkirche getraut. Bei dem folgenden Gratulationsmarathon in der Hofburg kam es zum ersten Streit zwischen der jungen Kaiserin und ihrer Schwiegermutter: Sophie bestand darauf, dass sie auch von ihren bayerischen Cousinen den obligatorischen Handkuss entgegennahm.

Zwar blieb Elisabeth die damals noch übliche, von zahlreichen Höflingen beobachtete Bettlegeszene erspart. Trotzdem kam es erst in der dritten Nacht zum sexuellen Kontakt. Franz Joseph war schon als Jugendlicher durch eine eigens ausgewählte so genannte «iniatrice» ins Sexualleben eingeführt worden und hatte vor seiner Verlobung zahlreiche Liebschaften gehabt.[47] Sisi war wie die meisten Mädchen weder aufgeklärt noch vorbereitet. Ob oder wie traumatisch der erste Geschlechtsakt für sie war, ist nicht bekannt. Belegt ist aber, dass am Hof der verspätete Vollzug der Ehe thematisiert wurde und Elisabeth darunter litt, trotz Scham und Verlegenheit am Morgen danach beim großen Familienfrühstück erscheinen zu müssen. Ihrer Hofdame Marie Festetics erzählte sie später über diesen 27. April: *«Der Kaiser war so gewohnt, [seiner Mutter] zu folgen, daß er sich auch darein ergab. Aber mir war das gräßlich.»*[48]

Nach dem großen Hofball am Abend dieses Tages war die junge Kaiserin so erschöpft, dass alle Veranstaltungen für den 28. April abgesagt werden mussten. Als Abschluss der Festwoche fand schließlich am Sonntag, dem 29., ein Volksfest statt. Danach reisten Ludovika und Max, der als Brautvater keine offizielle Rolle gespielt hatte, mit Elisabeths Geschwistern ab. Das Kaiserpaar übersiedelte für die Flitterwochen in das Sommerschloss Laxenburg südöstlich von Wien. Weil Franz Joseph täglich zur Arbeit in die 25 Kilometer entfernte Hofburg fuhr, musste Elisabeth die radikale Zäsur in ihrem Leben allein bewältigen. Da sie, wie damals üblich, kein eigenes Personal hatte mitbringen dürfen, war sie von lauter Fremden umgeben. Obwohl sie unter Heimweh litt und aufgrund des schlechten Wetters verkühlt war, musste sie sich sofort den starren Verhaltens- und Benimmregeln anpassen, die ihr die Schwiegermutter sowie die Hofdamen aufzwangen. Elisabeth wurde depressiv und entwarf schon zwei Wochen nach ihrer Hochzeit ein später oft von ihr wiederholtes Bild: *Ich bin erwacht in einem Kerker*[49].

IM KERKER

Franz Joseph war, soweit er überhaupt Emotionen zulassen konnte, verliebt in seine Frau; er sollte sie zeitlebens verehren. Auch die hypersensible, unerfahrene Elisabeth dürfte ihren Mann in den ersten Ehejahren geliebt haben, später hielt sie enttäuschte Distanz. Vielleicht fühlten sie sich einander ver-

bunden, weil sie beide scheue, introvertierte Menschen waren.
Aufgrund ihrer unterschiedlichen Charaktere hatten sie aber
nie gemeinsame Interessen.

Ich bin erwacht in einem Kerker,
Und Fesseln sind an meiner Hand.
Und meine Sehnsucht immer stärker –
Und Freiheit! Du, mir abgewandt!
Elisabeth

Der Kaiser verbrachte
die meiste Zeit beim Akten-
studium am Schreibtisch.
Hatte er ab seinem sechsten
Lebensjahr ein umfassendes Lernpensum bewältigen müssen,
so entwickelte Franz Joseph als Erwachsener «ein[en] fast reli-
giöse[n] Glauben an den Wert bürokratischer Leistungen»[50].
Was ihm an politischem Weitblick und Sinn für aktuelle
Dringlichkeiten fehlte, versuchte er mit Fleiß wettzumachen.
Nach dem Tod seines Ministerpräsidenten Fürst Felix zu
Schwarzenberg 1852 ohne kompetenten Berater, verlor er sich
oft in Details. Beeinflusst von seiner religiös-konservativen
Mutter und dem autoritär denkenden Erzherzog Albrecht traf
er immer wieder einsame, der jeweiligen Situation unange-
messene Entscheidungen. Auch von den alltäglichen Nöten
und dringendsten Bedürfnissen seiner Untertanen machte sich
der Kaiser keine adäquate Vorstellung. Trotzdem sollte er im
Lauf seiner langen Regierungszeit durchaus Anpassungsfähig-
keit beweisen und radikale Kehrtwendungen vollziehen.

Politisches Interesse entwickelte Elisabeth erst später,
Franz Josephs zeitintensive Arbeitsweise belastete aber schon
die Flitterwochen. In dem Gedicht *Mein Traum* legte sie ihrem
Mann 1887 die sarkastischen Worte in den Mund: *Gewissenhaft
zu schauen, / Pflegt' ich, nach jedem Wisch.*[51]

Franz Josephs besonderes Interesse galt dem Militärwesen.
In seiner Vorliebe für die altmodische Kavallerie blieb er freilich den Ideen und Konzepten seiner Jugendzeit verhaftet. Die
österreichische Armee versäumte anders als die preußische
oder die französische die technisch-praktische wie die theore-
tisch-strategische Weiterentwicklung. Der Kaiser wäre auch
gern ein guter Heerführer gewesen. Zwar hatte er als Junge
seine Angst vor Pferden «kraft seiner Willensanstrengung, seiner Ausdauer und seines Fleißes»[52] überwunden, militärstra-
tegisches Talent zeigte er aber nie. Überhaupt mangelte es ihm

an Intuition und Phantasie. Über seine Akten und seine unmittelbare Lebensrealität hinausreichende Vorstellungskraft besaß Franz Joseph nicht: Literatur, Kunst und Philosophie langweilten ihn.

Obwohl ihr Vater Max General war, hatte Elisabeth nie Interesse an Paraden oder Uniformen; soldatischer Gehorsam und Drill stießen sie ab. Mit militärischen Fragen beschäftigte sie sich auch später nur im Zusammenhang mit aktuellen kriegerischen Konflikten. Was sie als Kind und Jugendliche an Bildung versäumt hatte, holte sie als Erwachsene nach. Sie interessierte sich für Mythologie, Geschichte und Literatur, aber auch für politische Fragen. Ihre phantasievollen Ideen und ihre Flucht in abgehobene Vorstellungswelten nannte Franz Joseph freilich immer nur abwertend «Wolkenkraxeleien»[53].

Elisabeth machte rückblickend ihre schwiegermütterliche Tante für viele Probleme und Konflikte verantwortlich. 1873 bemerkte sie zu Marie Festetics: *«Ich war ganz à la merci dieser ganz bösartigen Frau. Alles war schlecht, was ich tat. Sie urteilte abfällig über jeden, den ich liebte. Alles hat sie herausbekommen, weil sie ständig gespitzelt hat.»*[54] Sophie dürfte Elisabeth nicht als eigenständige Person mit noch unklar formulierten Bedürfnissen und Wünschen wahrgenommen haben. Die Schwiegertochter sollte (vielleicht auch als Ausgleich für den eigenen Verzicht) die Würde und Rolle der Kaiserin so repräsentieren, wie die Erzherzogin selbst es getan hätte. Die Forderung, dass die Gemahlin Franz Josephs völlig abgehoben über allen stehen sollte, widersprach aber dem Charakter der jungen Frau.

Dass Franz Joseph Elisabeths vorsichtige Suche nach einem selbstbestimmten Leben nicht verstand, verschlimmerte die Situation. Obwohl Erzherzogin Sophie in den fünfziger Jahren dem unterwürfigen Sohn auch hinsichtlich seines Privatlebens ihre Vorstellungen aufzwang, war sie nicht für die Entfremdung zwischen den Ehepartnern verantwortlich. Der Tochter Marie Valerie berichtete Elisabeth freilich, «wie Grossmama Sophie zwischen ihr und Papa gestanden, immer sein Vertrauen beansprucht und dadurch ein Sichkennenlernen und Verstehen zwischen Papa und Mama für immer unmöglich gemacht habe»[55]. Vielleicht projizierte Elisabeth Probleme, die sie mit ihrer eigenen Mutter hatte, auf die Schwiegermutter. Jedenfalls konnte das Bild der eifersüchtig-intriganten Sophie sie davor bewahren, ihre tiefe Enttäuschung über Ludovikas Distanziertheit zu fühlen: Diese ließ die Tochter nämlich im familiären Dauerstreit nicht nur allein, sondern gab meistens der bewunderten starken Schwester Recht.

Schon zwei Monate nach der Hochzeit wurde Elisabeth schwanger. Zwischen 1855 und 1858 brachte die kindlich wirkende und unreife junge Frau drei Kinder zur Welt. In der durchaus realistischen Einschätzung, dass die Sechzehnjährige überfordert sein würde, erteilte Sophie ihr während der ersten Schwangerschaft strenge Verhaltensregeln und übernahm für die Zeit nach der Geburt die gesamte Planung. Ohne die Eltern zu fragen, richtete sie das Kinderzimmer in der Hofburg neben ihrem eigenen Appartement und damit weit entfernt von den Zimmern des Kaiserpaars ein. Die Hebamme, die «Aja» und die Kinderfrau wählte Sophie ebenso aus, wie sie, als Elisabeth am 5. März 1855 ein Mädchen zur Welt brachte, den Namen festlegte. Weder bei der Geburt der kleinen Sophie noch sechzehn Monate später bei der Geburt von Gisela am 15. Juli 1856 war, was damals üblich gewesen wäre, ihre Mutter Ludovika anwesend.

Später behauptete Elisabeth: *«Es war mir nur dann erlaubt, die Kinder zu sehen, wenn Erzherzogin Sophie die Erlaubnis dazu gab. Sie war immer anwesend, wenn ich die Kinder besuchte. Endlich gab ich den Kampf auf und ging nur mehr selten hinauf.»*[56] In Schönbrunn und Laxenburg war das Zusammenleben freilich anders geregelt als in der Hofburg. Auch berichtete Elisabeth zweieinhalb Wochen nach der Geburt von Sophie: *Anfangs kam es mir recht sonderbar vor ein ganz eigenes Kind zu haben; es ist wie eine ganz neue Freude, auch habe ich die Kleine den ganzen Tag bei mir [...].*[57] Später gab Elisabeth unumwunden zu, dass sie *kleine Kinder nicht zu schätzen* wisse.[58]

Hatte sie sich in den ersten beiden Ehejahren Sophies Regiment unterworfen, so setzte sie sich wenige Wochen nach der Geburt von Gisela erstmals zur Wehr. Während einer gemeinsamen Reise im Herbst 1856 nützte Elisabeth die ungestörte Zweisamkeit mit Franz Joseph. Dieser schlug nach der Rückkehr aus Kärnten und der Steiermark am 18. September seiner Mutter vor, die Kinder im Radetzky-Zimmer der Hofburg unterzubringen: «Wenn Sie die Gnade haben, die Sache ruhig zu überlegen, so werden Sie vielleicht unser peinliches Gefühl begreifen, unsere Kinder ganz in Ihrer Wohnung eingeschlossen [...] zu sehen».[59] Wenig später nahm das Kaiserpaar, Sophies Proteste ignorierend, die ältere Tochter mit nach Oberitalien. Als man im Frühjahr 1857 nach Ungarn fuhr, sollten beide Mädchen dabei sein.

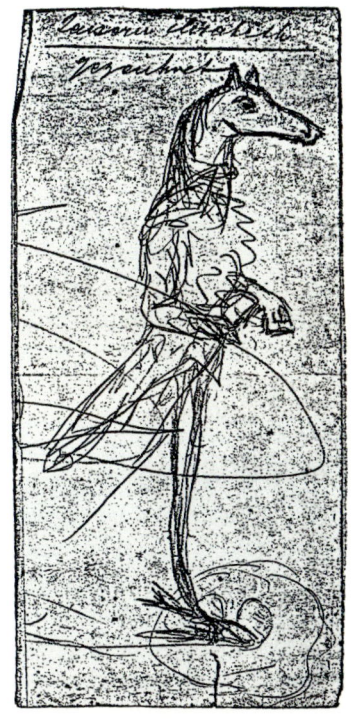

Zeichnung Elisabeths
für ihre Kinder

Mit dem Ende des Krimkriegs im Frühjahr 1856 hatte Österreich seine europäische Vormachtstellung an Frankreich verloren. Da sich Franz Joseph nach langem Zögern für ein Eintreten gegen den russischen Zaren Nikolaus I. entschieden hatte, verlor das Habsburgerreich seinen langjährigen Bündnispartner. Obwohl Österreich nicht aktiv im Krieg gekämpft hatte, waren aufgrund der Mobilisierung die Staatsfinanzen zerrüttet. Zur Wirtschaftskrise kamen Hungersnot und Cholera. Es wäre zwar sinnvoll gewesen, die 1815 erworbenen und seitdem auf ihre Loslösung von Österreich drängenden Provinzen Lombardei und Venetien in günstigen Verträgen abzutreten und die Situation im verfassungsrechtliche Reformen fordernden Ungarn zu entschärfen. Franz Joseph hielt aber starr an seiner neoabsolutistischen Herrschaftsauffassung und dem Erhalt aller Gebiete fest.

Um diesen Willen zu demonstrieren, unternahm Franz Joseph gemeinsam mit seiner Frau 1856 und 1857 Reisen nach Oberitalien und Budapest. Während der vier Monate in Venedig und Mailand sah sich Elisabeth erstmals mit der politischen Realität konfrontiert. Sie bekam den Unmut und den Hass der italienischen Bevölkerung zu spüren, die wegen der brutalen militärischen Unterdrückung und der großen Steuerlast für ein national geeintes Italien eintrat.

Wenig später in Ofen – Buda, so der ungarische Name für Ofen, am bergigen rechten und Pest am flachen linken Donauufer sollten erst 1872 zu einer Stadt zusammengelegt werden – wurde die Kaiserin freundlicher begrüßt, weil Franz Joseph die Rückkehr ehemals verfolgter Revolutionäre erleichterte. Bevor das Kaiserpaar die Reise in die Provinzen antreten konnte, erkrankten die beiden Kinder. Die zweijährige Sophie starb am 29. Mai 1857 in Ofen. Elisabeth trauerte um ihre Tochter: Gequält von Schuldgefühlen, konfrontiert mit der eisig-ablehnenden Haltung von Erzherzogin Sophie, interessierte sie sich auch nicht mehr für ihr zweites Kind. Radikale Hungerkuren und exzessive Reitausflüge verschlechterten ihre sowieso labile körperliche Konstitution. Zudem setzten ihr die Konkurrenz mit ihrer Schwägerin – Franz Josephs Bruder Ferdinand Max hatte die bei Hof anerkannte belgische Königstochter Charlotte geheiratet – und der Skandal um die morganatische Ehe ihres Bruders Ludwig zu, der für den Bund mit der bürgerlichen Schauspielerin Henriette Mendel auf sein Erstgeburtsrecht als Herzog in Bayern verzichtete.

Die Beziehung zu Franz Joseph war trotz aller Belastungen gut. Elisabeth wurde zum dritten Mal schwanger und brachte am 21. August 1858 den lange erwarteten Thronfolger zur Welt. Nach der schweren Geburt litt sie über Monate an Fieberanfällen, Husten und Kopfschmerzen. Um ihre beiden Kinder kümmerte sich die nervöse und oft depressive Elisabeth nur wenig. Für Gisela und Rudolf übernahm Erzherzogin Sophie die Mutterrolle. Hatte sie sich in den ersten Jahren eifer-

Das einzige bekannte Foto der kaiserlichen Familie, Herbst 1859 (stehend v. l.: Franz Joseph und seine Brüder Ferdinand Max, Karl Ludwig und Ludwig Viktor sowie die Schwägerin Charlotte, sitzend v. l.: Elisabeth mit Rudolf und Gisela sowie den Schwiegereltern Sophie und Franz Karl). Foto von Ludwig Angerer

süchtig aufgedrängt, so war sie nun die einzige verlässliche familiäre Bezugsperson.

Ende der fünfziger Jahre flammten die italienischen Einigungsbestrebungen neu auf. Zäh und geschickt schwor Camillo Cavour, der die liberale Regierung Sardinien-Piemonts führte, die Italiener auf seinen König Viktor Emanuel II. ein und versicherte sich in einem Geheimbündnis der Rückendeckung durch den französischen Kaiser Napoleon III. 1859 provozierte Cavour in den österreichischen Provinzen Unruhen: Mit einem Ultimatum beschwor Franz Joseph Ende April einen militärisch wie politisch unvorbereiteten Krieg herauf.

Der österreichische Kaiser schätzte die Situation falsch ein. Er schickte eine Armee mit veralteter Ausrüstung in den Kampf, ohne dass Nachschub und Versorgung sichergestellt waren. Er hoffte auf deutsche Solidarität, obwohl klar war, dass Preußen Interesse an einer Schwächung Österreichs hatte. Als überzeugter Soldat reiste er zu seinen Truppen nach Italien, obwohl er als Diplomat in Wien mehr hätte ausrichten können. Nach der verheerenden Niederlage von Magenta am 4. Juni 1859 übernahm er selbst den Oberbefehl: Unerfahren, ohne strategisches Talent und in seinen Befehlen so überhastet wie sprunghaft hetzte er seine Armee am 24. Juni bei Solferino in eine blutige Niederlage. Mitte Juli musste Franz Joseph Waffenstillstand schließen, im Frieden von Zürich verlor Österreich die Lombardei an Sardinien-Piemont: Zwei Jahre später sollte dessen König Viktor Emanuel II. den Titel «König von Italien» annehmen.

Auf die Abreise ihres Mannes nach Verona Ende Mai 1859 reagierte Elisabeth mit «hysterischer Verzweiflung»[60]. Franz Joseph versuchte sie zu beruhigen, indem er ihr lange Briefe mit detaillierten Berichten vom Kriegsschauplatz schickte. Er forderte sie aber auch auf, ihren repräsentativen Pflichten gerade während seiner Abwesenheit nachzukommen. Elisabeth richtete daraufhin nicht nur ein Lazarett für Verwundete in Laxenburg ein, sondern setzte sich auch mit dem aktuellen politischen Geschehen auseinander.

Auf die blamable und verlustreiche Niederlage in Oberitalien 1859 folgte eine schwere politische und wirtschaftliche Krise. Franz Joseph wurde nicht nur allgemein abgelehnt, seine Stellung war durch die Gefahr eines Aufstands in Ungarn bedroht, Gerüchte über Attentatspläne kursierten. Angesichts lauter werdender Forderungen nach liberalen Reformen wurde auch über seinen Rücktritt zugunsten des beliebten Erzherzogs Ferdinand Max spekuliert.

Diese vielfältigen Sorgen besprach Franz Joseph freilich nicht mehr mit seiner Frau, sondern nur mit der Mutter. Auf den auch aus diesem Grunde eskalierenden Streit mit Sophie reagierte Elisabeth mit Depressionen. Franz Joseph flüchtete sich zum ersten Mal seit der Hochzeit in Liebschaften. Elisabeth hatte den Kaiser von Österreich nicht aus machtpolitischer Berechnung, sondern aus Sympathie geheiratet. Ihm hatte sie sich mehr als fünf Jahre in Liebe verbunden gefühlt. Seine am Hof akzeptierten Seitensprünge verletzten sie tief. Später sollte sie in vielen Gedichten verbittert ihre Enttäuschung thematisieren: *An Liebe glaube ich nicht mehr*[61]. Im Winter 1859/60 versuchte sie, den Ehemann mit Vergnügungssucht zu provozieren. Im Juli 1860 kam es schließlich zu einem

O sprich mir nicht von jenen Stunden,
Wo wir einander angehört;
Mit ihrem Glück sind sie entschwunden,
Und unser Eden ist zerstört.
Doch wird ihr Angedenken leben,
Bis Ruhe uns der Tod gegeben.

Elisabeth

heftigen Streit. Franz Joseph sah sich nicht in der Lage, Elisabeths Schwester Marie und deren Mann König Franz II. von Neapel-Sizilien finanziell oder gar militärisch in der Auseinandersetzung mit dem italienischen Freiheitskämpfer Giuseppe Garibaldi zu unterstützen. Noch bevor die «Kaiserin-Elisabeth-Westbahn» offiziell eröffnet wurde, setzte Elisabeth sich in den Zug Wien – München und floh für mehrere Wochen zu ihrer Familie nach Possenhofen.

Um die innenpolitische Krise zu entschärfen, musste Franz Joseph 1860 und 1861 erste Schritte in Richtung einer föderalistischen Verfassung gehen. Diese Zugeständnisse empfand er als persönliche Demütigung. Für die häufigen Weinkrämpfe und die überreizte Nervosität seiner Frau dürfte er nur wenig Verständnis gehabt haben. Obwohl der Lungenspezialist Dr. Josef Skoda wegen Elisabeths starkem Husten Ende Oktober 1860 Lebensgefahr diagnostizierte, glaubte am Hof niemand an eine ernste Erkrankung. Dass der Arzt einen winterlichen Aufenthalt in wärmeren Regionen empfahl, entzückte Elisabeth. Angeregt durch die Erzählungen ihres Schwagers Ferdinand Max, wünschte sie sich eine Reise zur Insel Madeira.

Liberty (1860 – 1868)

War Sisi bis zu ihrer Verlobung gesund gewesen, so war ihre körperliche Verfassung seit der Hochzeit labil. Aus heutiger medizinischer Sicht kann man den ständigen Husten wie die anderen wechselnden Symptome als psychosomatische Reaktion identifizieren. Nachdem sie mit der Geburt des Kronprinzen ihre dynastisch-weiblichen Aufgaben erfüllt hatte, verschaffte die medizinische Diagnose Elisabeth jenen Freiraum, den sie zur Selbstfindung brauchte.

Flucht in Krankheiten

Von Ende November 1860 an verbrachte Elisabeth fünf Monate auf der portugiesischen Insel Madeira. Sie bezog eine von einem Blumengarten umgebene Villa hoch über dem Atlantik. Wie früher als Kind verbrachte sie viel Zeit mit Tieren und lebte, soweit die Mitreisenden es zuließen, ruhig und einsam. Obwohl sie viel las, gerne Leierkasten hörte und Karten spielte, dürfte diese ereignislose Existenz Elisabeth auch gelangweilt haben. Eine Fotografie, die die Mandoline spielende Kaiserin mit drei Hofdamen in Matrosenhemden und -hüten posierend zeigt, irritierte die Wiener Hofgesellschaft: Angesichts der politischen und wirtschaftlichen Krise in Österreich musste Elisabeths Müßiggang provozieren.

Obwohl sie ihre Lebensweise erstmals selbst bestimmte, litt sie unter depressiven Stimmungen, sperrte sich oft in ihrem Zimmer ein und weinte. Dass sie wieder hungerte, war auch für ihre Begleiter ein Problem: Wenn die Kaiserin schon nach wenigen Bissen das Essen einstellte, wurde abserviert. In großer räumlicher Distanz zur Heimat traf Elisabeth aber doch erste weit reichende Entscheidungen. So begann sie, unterstützt durch den Ehrenkavalier Graf Imre Hunyády, Ungarisch zu lernen. Zwar fand der Unterricht, als der junge Mann sich in die Kaiserin verliebte und abberufen wurde, ein schnelles En-

Elisabeth mit ihren Hofdamen auf Madeira, 1860

de, Elisabeth wurde sich aber erstmals ihrer Ausstrahlung bewusst. Nach ihrem Mann dürfte sie sich nicht gesehnt haben.

Auf der Rückreise besuchte Elisabeth Spanien, Malta und Korfu. Nach sechsmonatiger Trennung traf sie Franz Joseph Ende Mai 1861 in Triest. Nach nur vier Tagen in Wien litt sie freilich wieder an nervösen Weinkrämpfen, Fieber- und Hustenanfällen. Josef Skoda diagnostizierte galoppierende Lun-

genschwindsucht und ordnete einen Aufenthalt auf Korfu an.
Er folgte damit wieder Elisabeths Wünschen, obwohl diese In-
sel nicht nur als Lungenkurort völlig unbekannt, sondern als
Teil der antigriechischen Ionischen Republik unter englischer
Schirmherrschaft auch politisch unsicher war.

Im Sommer 1861 ging man allgemein davon aus, dass Elisabeth bald sterben würde. Ende Juni fuhr sie für vier Monate
mit ihrem dreiunddreißigköpfigen Gefolge nach Korfu. Als
sich ihr Zustand verschlechterte, kam die ältere Schwester Helene, die Erbprinz Maximilian von Thurn und Taxis geheiratet
hatte, zu Besuch. Am 30. September konnte Franz Joseph seiner Mutter berichten: «Helene hat mir Gottlob recht gute
Nachrichten von Sisi gebracht. Sie hustet wohl noch etwas,
sah aber bei Helenes Abreise wieder recht gut aus, da sie durch
Helene, die über ihr aufgedunsenes und blasses Aussehen sehr
erschrocken war, dazu gebracht wurde, jetzt dreimal des Tages
Fleisch zu essen und vier Gläser Bier zu trinken. Sie war auch
recht heiter […].»[62] Im Oktober reiste der Kaiser selbst nach
Korfu und fand einen Kompromiss mit seiner Frau: Sie sollte
den folgenden Winter mit den Kindern zwar fern von der ver-
hassten Schwiegermutter, aber innerhalb der Reichsgrenzen
in Venedig verbringen.

Anfang 1862 setzte Elisabeth als weiteren Emanzipations-
schritt die Entlassung von Sophie Esterházy und die Ernennung der eigentlich nach aristokratisch-hierarchischen Maßstäben gar nicht berechtigten Hofdame Gräfin Paula Königsegg
zu ihrer neuen Obersthofmeisterin durch. Auch um beschäf-
tigt zu sein, begann sie in Venedig, Fotografien zu sammeln.
Sie legte Alben mit Aufnahmen von Familienmitgliedern
und Aristokraten, aber auch mit Porträts von Jongleuren und
Clowns an. Für ihr durch die Schönheitsgalerie von König Ludwig I. inspiriertes Schönheitsalbum ließ sie sich von Diplomaten aus allen europäischen Großstädten Fotos schöner Frauen
schicken. Diese «vergleichende[n] Studien hinsichtlich weiblicher Schönheit» inspirierten sie.[63]

Trotz dieser ersten Versuche, ihr Leben selbst zu gestalten,
war Elisabeth aber noch immer krank: Nun wurden Anämie

Elisabeth, hinter ihr der jüngste Bruder Max Emanuel
und die Schwestern Marie und Mathilde.
Foto, 1862

und Wassersucht diagnostiziert. Im Mai kam Ludovika nach
Venedig und setzte durch, dass Dr. Fischer, der Münchener
Hausarzt der Familie, die Behandlung übernahm. Obwohl sie
sich um die Tochter sorgte, schrieb sie unterwürfig an die
Schwester Sophie: Elisabeths «Hauptangst ist kränkl. zu blei-
ben, dem Kaiser dann nur eine Last zu sein. Wenn sie so recht

melancolisch ist, was auch psisisch [!] ist, sagt sie: ‹Wenn ich nur lieber e. Krankheit hätte, die m. schnell wegraffte, dann könnte d. Kaiser doch wieder heirathen, u mit e. gesunden Frau glückl. werden, aber in diesem Zustd. geht man langsam u. elend zugrunde›.»[64]

Ende Mai 1862 fuhr Elisabeth mit den Kindern nach Reichenau an der Rax. Es folgten ein von Dr. Fischer empfohlener Kuraufenthalt im unterfränkischen Bad Kissingen und ein Besuch in Possenhofen. Dort traf sie die Schwestern Marie und Mathilde wieder, die in Rom, angewidert von ihren Ehemännern, ein unabhängiges Leben geführt hatten. Herzog Max in Bayern beendete schließlich, entnervt von dem Trubel, die schwesterliche Dreisamkeit. Die österreichische Kaiserin kehrte, nachdem sie fast zwei Jahre auf Reisen gewesen war, am 18. August 1862 zurück nach Wien.

Elisabeth war auch in den folgenden Jahren kränklich und musste sich immer wieder in Bad Kissingen erholen. Zu ihrer Schwiegermutter hielt sie Distanz, um die Kinder kümmerte sie sich wenig. Sie setzte aber ihr Ungarischstudium konsequent fort und verfolgte selbstbewusst eigene Interessen: So begeisterte sie sich für die Musik des damals verpönten Richard Wagner. Sie bestand auf einsamen Spaziergängen und verweigerte öffentliche Auftritte. Vor allem aber konzentrierte sie sich in diesen Jahren auf ihren Ruf als Schönheit.

Schönheit und Selbständigkeit

Als Mädchen und junge Frau war Elisabeth zwar hübsch; wohl auch wegen ihrer labilen seelischen und körperlichen Verfassung galt sie aber keineswegs als schön. Eine frühe Fotografie belegt, dass sie mit knapp fünfzehn wenig Gefallen daran fand, sich fotografieren zu lassen. Eine Aufnahme aus der Zeit um 1859 dokumentiert die herbe Schönheit der jungen Kaiserin. Auf Madeira und Korfu begann Elisabeth mit zunehmendem Selbstbewusstsein ihr Leben zu gestalten. Obwohl sie sich in den Jahren nach ihrer Rückkehr nach Wien nur selten in der Öffentlichkeit zeigte, bemerkten die einfachen Leute, dass sie sich zu einer außergewöhnlich schönen Frau entwickelte.

Elisabeth
im Alter von
fünfzehn
Jahren. Foto
von Alois
Löcherer,
1852/53

Elisabeth.
Foto, vor 1860

Elisabeth mit ihrem Bruder Carl Theodor, 1862.
Foto aus einer Serie von Ludwig Angerer

Zwar bewunderten auch ausländische Diplomaten die Kaiserin, in ihrer unmittelbaren Umgebung wurde die Veränderung aber nicht registriert. Die Legende von Elisabeths Schönheit entstand außerhalb des Wiener Hofs.

Franz Xaver Winterhalters vielfach reproduziertes Porträt aus dem Jahr 1864, das die Kaiserin in Balltoilette und mit Diamantensternen in der kunstvollen Frisur zeigt, machte Elisabeth weltberühmt. Ebenfalls um diese Zeit entstandene offizielle Fotos dokumentieren bei aller steif-herrschaftlichen Inszenierung, wie viel Anmut die österreichische Kaiserin ausstrahlte. Wirkt sie auf der ersten vor ihrer Flucht im Herbst 1860 angefertigten Porträtserie noch mädchenhaft, versteckt sie auf den nach der Rückkehr 1862 entstandenen Bildern ihr krankheitsbedingt aufgedunsenes Gesicht hinter einem schwarzen Schleier, so zeigen die Serien, die der Hoffotograf Ludwig Angerer 1863 und 1864 machte, eine sich ihres Charmes und ihres außergewöhnlichen Aussehens bewusste Frau. Ihre fragile Schönheit schließlich fing 1865/66 der Wiener Fotograf Emil Rabending ein.

Die meisten Gemälde der Kaiserin entstanden nach diesen offiziellen Fotoserien. Dem beliebtesten zeitgenössischen Porträtmaler der europäischen Herrscherhäuser, Franz Xaver Winterhalter, freilich stand Elisabeth 1864 nicht nur für das offizielle, sondern auch für zwei weitere intime Bilder Modell. Auf dem einen ist sie im Profil mit offenen Haaren dargestellt. Das persönlichste zeigt sie im Frisiermantel mit vor der Brust ineinander geschlungenen Haarfluten: Ohne Pose stellt sie sich verletzlich, hoch sensibel und verträumt den Blicken des Betrachters. Franz Joseph liebte dieses Gemälde seiner «Engels-Sisi» besonders. Winterhalter malte zwar auch von der französischen Kaiserin Eugénie und Queen Victoria private, bürgerlich inspirierte Porträts, die Darstellung der österreichischen Kaiserin «mit verschlungenem Haar» ist aber sein «außergewöhnlichstes[s] ‹intime[s]› Bildnis».[65]

Obwohl Elisabeth jährlich mehrere Kleider bei dem «konkurrenzlosen Modeschöpfer der Europäischen Hocharistokratie»[66] Charles Frederick Worth in Paris arbeiten ließ – unter

Elisabeth
mit offe-
nem Haar.
Gemälde
von Franz
Xaver
Winterhal-
ter, 1864

diesen auch das von Winterhalter festgehaltene sternenbesetz-
te Tüllkleid –, hatte ihr Schönheitsideal wenig mit der zeitgenössischen Mode und nichts mit der damaligen Vorliebe für
Schminke und Parfüms gemein. Die Kaiserin bewunderte bei
Frauen eine klare Haut, prächtige Haare und eine schlanke
und anmutige Figur: Schönheit sollte natürlich und indivi-
duell sein. Da königliche Roben im 19. Jahrhundert nicht mehr
die Würde ihrer Träger(innen) sicherstellen konnten, ja oft als
Karnevalskostüme verdächtigt wurden oder zumindest als sai-
sonal wechselnde Moden auch anderen begüterten Frauen zu-

Elisabeth in Ballrobe. Gemälde von Franz Xaver Winterhalter, 1864

Elisabeth in einem echten arabischen Burnus.
Foto von Ludwig Angerer, 1863/64

gänglich waren, «konzentrierte sich Elisabeth von Österreich statt auf das Kleid auf den Körper». Die Germanistin Juliane Vogel stellt in ihrem Aufsatz «Die doppelte Haut» fest: «Berühmtheit erlangte sie nicht wegen ihrer Kleider, sondern wegen jenes strengen Zeremoniells, das sie der Erhaltung ihrer Schönheit widmete.»[67]

Einen besonderen Kult trieb Elisabeth mit ihrem dichten, kräftigen, im Lauf der Jahre fersenlangen kastanienbraunen Haar. Auf die intensive Pflege dieser Pracht verwendete sie täglich drei Stunden. Die vierzehntägliche Haarwäsche mit kostbaren Essenzen dauerte einen Tag. Große Bedeutung maß Elisabeth auch der Frisur bei: Ihre variationsreichen «Steckbrieffrisuren» aus kompliziert auf dem Kopf verschlungenen und kunstvoll über die Schultern herabfallenden Zöpfen kreierte Franziska Angerer. Während einer Theateraufführung fasziniert von den geflochtenen Haaren einer Schauspielerin, erkundigte sich die Kaiserin nach der Theaterfriseuse und engagierte die einfache junge Frau 1863 für eine jährliche Gage von 2000 Gulden, was dem Gehalt eines Universitätsprofessors entsprach. Fanny, wie sie genannt wurde, erwies sich nicht nur als meisterhafte Erfinderin kunstvoller Flechtfiguren, sie war auch im Umgang mit Elisabeth geschickt und einfühlsam.

Obwohl die Kaiserin die auf die Haarpflege verwendeten Stunden nutzte, um sich vorlesen zu lassen oder fremde Sprachen zu studieren, achtete sie darauf, dass ihre Wünsche und Anordnungen beachtet wurden. Noch lange nach ihrem Tod kursierten Geschichten wie folgende: «Weil die Majestät aber net erlaubt hat, daß ma ihr Brüllantin am Kopf schmiert und die Haare so trocken waren, hat sich die Friseus etwas ausgedacht, um die Kaiserin zu überlisten. Sie trug ein Schürzl, das ein Lacktaschl ghabt hat, in dem das Brüllantin versteckt war, und wie Ihre Majestät, die Kaiserin, grad net hing'schaut hat, ist die Friseurin mit der Hand ins Lacktascherl eini gefahren und hat schnell a Brüllantin draufgeben. Aber Ihre Majestät, die Kaiserin, hat's doch gemerkt, hat an Wutanfall kriegt und der Friseurin erst die goldenen Bürsten, Kämm und Büchseln nachgeworfen und hat's dann selber nausg'schmissen!»[68] Constantin Christomanos berichtet, dass Elisabeths Lieblingsfriseuse das tägliche Frisieren als «heilige Handlung» inszenierte. Aber sie musste auch nach getaner Arbeit «auf einer silbernen Schüssel die toten Haare der Herrin zum Anblick» bringen.[69] Fanny ersparte sich freilich manche Rüge, indem sie geschickt die ausgefallenen Haare auf einem Klebeband unter ihrer Schürze verschwinden ließ.

Ihrem Griechischlehrer Christomanos gestand Elisabeth 1891, dass sie «ganz mürbe» und «zerstreut» würde, müsste sie sich für einige Tage von jemand anderem frisieren lassen: «Ich bin die Sklavin meiner Haare.»[70] Die ehemalige Theaterfriseuse

Constantin Christomanos

nützte diese Abhängigkeit aus. So konnte sie trotz ihrer Heirat mit einem Bankbeamten im Hofdienst bleiben, was eigentlich verboten war. Ihr Mann Hugo Feifalik machte im Lauf der folgenden dreieinhalb Jahrzehnte Karriere. Fanny Feifalik begleitete Elisabeth auf ihren Reisen und trat sogar manchmal als ihre Doppelgängerin auf.

Constantin Christomanos erkannte: «Majestät tragen das Haar wie eine Krone anstatt der Krone.»[71] Für Elisabeth war die Haarkrone so sehr sinnlich-individuelles Herrschaftssymbol, dass sie im Oktober 1887 folgenden morbid-verschrobenen *Wunsch* formulierte:

> *An meinen Haaren möcht' ich sterben,*
> *Des Lebens ganze, volle Kraft,*
> *Des Blutes reinsten, besten Saft*
> *Den Flechten möcht' ich dies vererben.*[72]

Spielte die Gesichtspflege erst eine Rolle, als sich Alterserscheinungen bemerkbar machten, so sorgte Elisabeth sich schon früh um ihre Figur. Obwohl sie wie ihre Geschwister von Natur aus groß und schlank war, verwendete sie viel Energie, um ihr erstaunliches Taillenmaß von 50 cm zu bewahren. Zur Betonung ihrer Wespentaille ließ sie sich in Korsetts schnüren und in Kleider einnähen, was oft mehrere Stunden in Anspruch nahm.

Um psychische Anspannung abzubauen, aber auch um körperlich fit zu bleiben, machte sie weite Ausritte und stundenlange Spaziergänge. Hinzukamen tägliche Turnübungen.

Wurde ihr Bewegungsdrang bei Hof noch als exaltierte Marotte hingenommen, so galt es als skandalös, dass eine Frau und gar die Kaiserin an Geräten turnte. Bis ins Alter liebte sie es, Ahnungslose mit ihren gymnastischen Übungen zu schockieren. Zu Neujahr 1892 ließ sie, anlässlich eines bevorstehenden Familientreffens nobel gekleidet, Constantin Christomanos rufen: «Ich traf sie gerade, wie sie sich an den Handringen erhob. Sie trug ein schwarzes Seidenkleid mit langer Schleppe von herrlichen langen Straußenfedern umsäumt. Ich hatte sie noch nie so pompös gekleidet gesehen. Auf den Stricken hängend, machte sie einen phantastischen Eindruck wie ein Wesen zwischen Schlange und Vogel.»[73]

Elisabeth war bei einer Größe von 172 Zentimeter und einem Durchschnittsgewicht von weniger als 50 Kilogramm ihr Leben lang untergewichtig. Obwohl sie phasenweise normal aß, verweigerte sie vor allem in Stress- und Krisensituationen ausreichende Nahrungsaufnahme. Da sie trotzdem körperlich äußerst aktiv war, würde die heutige Medizin zumindest eine Tendenz zur Magersucht diagnostizieren.

Diese Essstörung ist eine ernste, mitunter folgenschwere psychosomatische Erkrankung. Augenfällig ist ein bewusst herbeigeführter starker Gewichtsverlust, der in extremen Fällen zu lebensbedrohlichen organischen Veränderungen und zum Tod führt. Trotz dieser Selbstaushungerung haben Magersüchtige die fixe Idee, zu dick oder zu schwer zu sein. Der physischen Schwächung infolge der radikalen Gewichtsreduzierung steht paradoxerweise Hyperaktivität gegenüber. Den Betroffenen fehlt jegliche Krankheitseinsicht: Sie können Erschöpfung wie Gefühle nicht adäquat wahrnehmen und haben ein verzerrtes Bild vom eigenen Körper.

An Magersucht erkranken meist adoleszente Mädchen. Auffällig ist, dass sie oft als Reaktion auf die symbiotische Beziehung zur Mutter mit der Selbstaushungerung das Entstehen weiblicher Körperformen verhindern wollen und sexuelle Kontakte vermeiden. Diese Essstörung tritt aber auch bei älteren Frauen und bei Männern auf. Magersüchtige sind meist überangepasste Menschen: Ihr Selbstwertgefühl ist stark gestört. Im allein aufgrund von Willensstärke und Selbstkontrolle durchgehaltenen Fasten finden sie Identität und Autonomie. Zugleich werden sie, weil sie stark abmagern, von ihrer Umgebung als unabhängiges, eigenwilliges Individuum anerkannt: Die Nahrungsverweigerung verleiht ihnen Macht.[74]

Elisabeth aß über Jahrzehnte wenig, sie kontrollierte täglich ihr Gewicht und liebte exzessive Ausritte oder lange Fußmärsche. Befriedigende sexuelle Erfahrungen dürfte sie ihr Leben lang nicht gemacht haben. Anders als Magersüchtige lehnte Elisabeth aber ihre weiblichen Körperformen nicht ab, auch festigte sie ihr Selbstwertgefühl nicht allein im Hungern: Ihre nach heutigen Maßstäben ästhetische Figur war wesentlicher Eckpfeiler ihres identitätsstiftenden Schönheitsideals. Insofern war die Kaiserin von Österreich kein schwerer oder gar exemplarischer Fall von Magersucht.

Dass sich Ärzte noch zu ihren Lebzeiten intensiv mit diesem Krankheitsbild beschäftigten, wusste sie nicht. Zwar waren Fastenheilige oder Hungerkünstler seit langem bekannt, exzessives Hungern ohne physische Ursache wurde aber erst im 19. Jahrhundert als Krankheit beschrieben. Der französische Nervenarzt Ernest-Charles Lasègue und der prominente britische Mediziner William Withey Gull listeten 1873 erstmals anhand von Fallbeispielen Symptome auf. Deutschsprachige Psychiater teilten das zunehmende Interesse erst Mitte der achtziger Jahre. Die sozialen und psychologischen Ursachen sollten erst viel später untersucht werden.[75]

Nach ihrer Rückkehr im August 1862 widersetzte Elisabeth sich konsequent den ihr aufgedrängten Aufgaben: Sie war weder aufopferungsvolle Mutter und liebende Gattin noch repräsentierende Kaiserin. Sie begriff ihre außergewöhnliche Schönheit als Ausdruck ihrer Individualität und kreierte ihr Erscheinungsbild nach ihrem ästhetischen Ideal. Dafür nahm sie viel in Kauf: Sie erlegte sich selbst ein zeitintensives Pflegeprogramm auf, entwickelte also ein selbst verordnetes, strenges «Gegenzeremoniell»[76], und hielt an diesem Konzept auch fest, wenn ihr etwa das Gewicht der langen Haare oder die strenge Diät Kopfschmerzen verursachten. Vermeintliche Schönheitsfehler suchte sie krampfhaft zu verbergen: Wegen ihrer schlechten Zähne hielt Elisabeth ihre Lippen meist geschlossen und sprach nur leise und undeutlich.

Mitte der sechziger Jahre triumphierte die Kaiserin über ihre Wiener Widersacher. Im Dauerstreit mit Erzherzogin Sophie wurde sie nun die Stärkere: Sie nahm es nicht nur als selbstverständlich hin, dass Franz Joseph ihr glühendster Verehrer war, sondern setzte ihn gezielt unter Druck. Am 27. August 1865 richtete Elisabeth in Ischl folgende Zeilen an ihren Mann: *Ich wünsche, daß mir vorbehalten bleibe, unumschränkte Vollmacht in Allem, was die Kinder betrifft, die Wahl ihrer Umgebung, den Ort ihres Aufenthalts, die compl. Leitung ihrer Erziehung, mit einem Wort, alles bleibt mir ganz allein zu bestimmen bis zum Moment ihrer Volljährigkeit.*[77] Der schon lange schwelende Konflikt mit der Schwiegermutter war zu einem heftigen Streit um die Erziehung des Kronprinzen eskaliert. Rudolf war hoch intelligent, phantasiebegabt, temperamentvoll, aber anders als die robuste Gisela körperlich empfindlich und sehr sensibel. 1864 bekam er im Alter von sechs Jahren nach habsburgischem Brauch einen eigenen Haushalt. Die Trennung von der geliebten Schwester war schmerzhaft. Seine Erziehung, zu der auch die militärische Ausbildung zählte, übertrug Erzherzogin Sophie Graf Leopold Gondrecourt. Auch auf Anweisung Franz Josephs sollte dieser Rudolf physisch und psychisch «abhärten». Obwohl die zeitgenössischen militärischen Ausbildungsmethoden nicht für Kinder konzipiert waren, suchte Gondrecourt mit hartem Drill, Exerzierübungen bis zur Erschöpfung, aber auch *«mit Wasserkur und Erschrecken»*[78] aus dem Sechsjährigen einen tapferen Soldaten zu machen. Der Junge reagierte auf dieses Martyrium mit überreizter Nervosität und Krankheiten. Sein Leid klagte er aber weder dem Vater noch der Mutter.

Elisabeth, die, vielleicht auch weil sie sich wenig um ihre Kinder kümmerte, nichts ahnte, wurde erst durch Joseph Latour von Thurmburg, einem Untergebenen Gondrecourts, über die grausamen Erziehungsmethoden informiert. Ihrer Hofdame Marie Festetics erzählte sie später: *«[...] als ich die Ur-*

sache seiner Krankheit erfuhr, da mußte ich Abhülfe schaffen; nahm meinen ganzen Muth zusammen, als ich sah, es sei unmöglich durchzudringen gegen diesen Protégé meiner Schwiegermutter, und sagte Alles dem Kaiser, der sich nicht entschließen konnte, gegen den Willen seiner Mutter Stellung zu nehmen, – ich griff zum Äußersten und sagte, ich könne das nicht mit ansehen – Eines müsse geschehen! entweder geht Gondrecourt oder ich.»[79] Den Willen, selbst die Erziehung ihrer Kinder zu übernehmen, formulierte sie sechs Tage nach dem siebenten Geburtstag ihres Sohnes.

Elisabeth veranlasste Rudolfs medizinische Behandlung durch den neuen kaiserlichen Leibarzt Dr. Hermann Widerhofer; sie bestimmte Oberst Latour zum Nachfolger Gondrecourts und revolutionierte das höfische Erziehungssystem. Obwohl selbst Soldat, schränkte Latour die militärischen Übungen ein und nahm auf die Sensibilität des Kronprinzen Rücksicht. Im Auftrag Elisabeths stellte er die geistige Bildung in den Vordergrund und suchte die am besten qualifizierten Lehrer aus. War es schon ein Affront, dass Latour kein Aristokrat war, so zeigte sich der Hof entsetzt darüber, dass anstelle von Adeligen und Klerikern bürgerliche Wissenschaftler und Intellektuelle den Thronfolger unterrichteten. Allen Protesten Sophies zum Trotz hielt Elisabeth an Latour fest. Rudolf wurde bald wieder gesund, an nächtlichen Panikattacken litt er freilich sein ganzes Leben. Für seine umfassende, gute und ausgesprochen liberale Ausbildung war er seiner Mutter immer dankbar.

Angesichts der lebensbedrohlichen Notlage ihres Sohnes begriff Elisabeth, dass sie mit Bitten nichts erreichen konnte. Sie lernte zu fordern und wusste Franz Joseph mit heftig vorgetragenen Ansprüchen einzuschüchtern. Außerdem erkannte sie, dass sie ihren sie verehrenden Mann nicht nur mit Verweigerung unter Druck setzen konnte, sondern mehr noch mit der Drohung, Wien zu verlassen: Als Kaiser musste er Rücksicht auf den Ruf der Dynastie und des Staates nehmen und konnte sich den Skandal einer Trennung nicht leisten.

Die auf ihrem offiziellen Briefpapier niedergeschriebene Forderung nach Vollmacht über Rudolfs und Giselas Erziehung nützte Elisabeth am 27. August 1865 auch zur Formulie-

Elisabeth mit ihrem Hund Houseguard im Winter 1865/66.
Foto aus einer Serie von Emil Rabending

rung ihrer höchst eigenen Interessen: *Ferners wünsche ich, daß,*
was immer meine persönlichen Angelegenheiten betrifft, wie auch die
Wahl meiner Umgebung, den Ort meines Aufenthalts, alle Anord-
nungen im Haus p.p. mir allein zu bestimmen vorbehalten bleibt.[80]
Mit dieser Unabhängigkeitserklärung beanspruchte sie abso-
lute individuelle Bewegungsfreiheit. Ihre Forderungen ent-
sprachen jenen der zeitgenössischen Frauenbewegung. Für die
Lebens- und Arbeitsbedingungen von Frauen interessierte sich

Elisabeth freilich nie. Dem Kampf um politische Rechte oder auch nur dem Ziel, Frauen Bildungsmöglichkeiten zu erschließen und sie zu selbständiger wirtschaftlicher und geistiger Tätigkeit zu erziehen, konnte sie nichts abgewinnen.

In der Familie setzte Elisabeth ihre persönliche Unabhängigkeit rücksichtslos durch. Sie drängte nicht nur Erzherzogin Sophie zurück, sondern hielt auch die Kinder und den Mann auf Distanz. Mit Gisela und Rudolf beschäftigte sie sich, die Krise um Gondrecourt ausgenommen, nur wenn sie Lust dazu hatte: Eine verlässliche Mutter war sie auch als Erziehungsverantwortliche nicht. Um eine Annäherung an Franz Joseph bemühte sie sich nicht mehr.

UNGARN, EINE POLITISCHE LIEBE

1864 verlor Dänemark im Deutsch-Dänischen Krieg die Herzogtümer Schleswig, Holstein und Lauenburg an die Bündnispartner Preußen und Österreich. Nach der internationalen Isolation der Habsburgermonarchie als Folge des Krimkriegs begrüßte Franz Joseph diese Allianz. Die gemeinsame Verwaltung des eroberten Gebiets erwies sich freilich als schwierig. Weder Franz Joseph noch seine außenpolitischen Berater erkannten, dass der preußische Ministerpräsident Otto von Bismarck auf einen Krieg mit Österreich zusteuerte, um es aus dem Deutschen Bund drängen und so die Einigung der deutschen Staaten vorantreiben zu können. Nach einer vorübergehenden Verständigung mit dem preußischen König Wilhelm I. eskalierte der Konflikt 1866.

Schon vor Ausbruch des so genannten Deutschen Kriegs geriet die seit der Märzrevolution stagnierende österreichische Innenpolitik in Bewegung: Es war klar, dass die Unruheprovinz Ungarn in der drohenden Auseinandersetzung gefährlich werden konnte.

Kaiserin Elisabeth förderte bewusst und engagiert die Annäherung an die Magyaren. Graf Mailáth hatte 1853/54 ihre Sympathie für Ungarn geweckt. Mit der Hofdame Lily Hunyády, die sie nach Madeira und Korfu begleitet hatte, verband Elisabeth eine herzliche Freundschaft. Lilys Bruder Imre, der erste verliebte Verehrer der schönen Kaiserin, hatte ihr 1861 Grundbegriffe des Ungarischen beigebracht. Vielleicht auch um den vom böhmischen Adel geprägten Wiener Hof und Erzherzogin Sophie zu provozieren, nahm Elisabeth ab 1863 Ungarischunterricht.

Dass ihr niemand zutraute, diese schwierige Sprache zu lernen, beflügelte ihren Eifer. 1864 suchte Elisabeth eine Gesellschafterin für ungarische Konversation. Die Hofstellen erarbeiteten eine Liste mit Namen von Damen des Hochadels. Bis heute ist nicht geklärt, wer die vierundzwanzigjährige Ida Ferenczy aus der Provinzstadt Kecskemét vorschlug. Elisabeth war jedenfalls schon bei der ersten Audienz von ihr begeistert und setzte ihre Anstellung mit Tricks durch. Da Ida als einfaches Landedelmädchen nicht Hofdame werden durfte, wurde ihr die offizielle Stelle als «Vorleserin» für 150 Gulden monatlich sowie Kost und Quartier zugewiesen. Ida Ferenczy las Elisabeth freilich nie vor: Sie wurde, da sie Distanz zum Hof hielt und verschwiegen war, die wichtigste Vertraute der Kaiserin. Das Ungarische nutzten beide, da die anderen Hofdamen und die Kammerfrauen nur Deutsch, Tschechisch oder Französisch sprachen, als eine Art Geheimsprache.

Nach einem Jahrzehnt Isolation fand Elisabeth mit Ida Ferenczy 1864 auch eine geliebte Freundin. Als Ida acht Monate nach ihrem Umzug in die Hofburg den Sommer bei ihrer Familie verbrachte, schrieb die Kaiserin – im Original auf Ungarisch – voll zärtlicher Zuneigung: *Ich denke viel an Dich und Du fehlst mir sehr, während des langen Frisierens, während der Spaziergänge und tausendmal am Tage.*[81] Ida Ferenczy war aber nicht nur Elisabeths wichtigste Bezugsperson, sie spielte auch in politischen Zusammenhängen eine nicht zu unterschätzende Rolle: Das Landedelmädchen war Anhängerin der ungarischen Liberalen.

Franz Joseph hatte nach der brutalen Niederschlagung der Revolution in Ungarn 1849 zwar anlässlich der Hochzeit 1854 und der Ungarnreise 1857 die meisten politischen Gefangenen amnestiert, den Belagerungszustand aufgehoben, vielen Exilungarn die Rückkehr erlaubt und beschlagnahmte Vermögen rückerstattet. Ein neuer ungarischer Landtag war freilich erst 1861 wieder einberufen worden. Die ebenfalls garantierte Teilnahme an allgemeinen Reichsratswahlen verweigerte Ungarn: Die vorsichtig föderalistische neue Verfassung Österreichs war dem Juristen Ferenc Deák, der als Vertreter eines konservativ-konstitutionellen Kurses den ungarischen Landtag führte, zu wenig. Er forderte die Wiedereinführung der ungarischen Verfassung von 1848, anders als die Revolutionäre wollte er das nun im friedlichen Ausgleich mit dem Kaiser durchsetzen.

Ida Ferenczy stand in regelmäßiger Korrespondenz mit Ferenc Deák. In seinem Sinn vermittelte sie Elisabeth, wie wichtig ein Besuch Franz Josephs in Ungarn sei. Der Kaiser reiste erst nach monatelangem Drängen im Juni 1865 nach Ofen, lehnte aber einen Ungarn gegenüber den anderen Kronländern bevorzugenden Sonderweg ab. Ida Ferenczy freilich begeisterte die Kaiserin für diese Idee.

Mitte der sechziger Jahre gab Deák seine wichtigsten politischen Funktionen an den zwanzig Jahre jüngeren Gyula Andrássy ab. Dieser war wegen seiner Beteiligung an der Revolution von 1848/49 in Abwesenheit zum Tod verurteilt worden und erst 1858 aus dem Exil in London und Paris zurückgekehrt. Obwohl die politische Detailarbeit nicht seine Sache war, konnte der selbstbewusste und temperamentvolle Aristokrat viele für seine Ideen und Konzepte begeistern: Graf Andrássy hatte außerdem gute internationale Kontakte und Beziehungen zur Presse. Stattlich und voll erotischer Ausstrahlungskraft, genoss er seinen Ruf als Bohemien und Frauenheld.

Ida Ferenczy machte Elisabeth mit seinen politischen Ideen bekannt und weckte mit Geschichten über sein abenteuerliches Privatleben ihre Neugier. Noch bevor die Kaiserin und Andrássy im Januar 1866 sich zum ersten Mal trafen, hatten sie viel voneinander gehört. Denn Ida Ferenczy stand auch mit Deáks Nachfolger in regem Briefkontakt: Sie half ihm mit Berichten über die kaiserliche Familie, seine Verhandlungstaktik zu vervollkommnen.

Ende Januar 1866 brach das Kaiserpaar zu einer fünfwöchigen Ungarnreise auf. Franz Joseph berichtete am 3. Februar

Graf
Gyula Andrássy.
Foto von 1867

seiner Mutter: «Sisi hält Gottlob die Fatigen gut aus, obwohl
sie vom vielen Sprechen etwas hustet und Halsweh hat [...]. Alles ist von ihr und ihrer ungarischen Sprache enthusias-
mirt.»[82] Bei offiziellen Auftritten blieb Gyula Andrássy immer
in Elisabeths Nähe. Zum Ärger der Hofdamen sprachen die beiden ungarisch. Da zudem die schwärmerische Verehrung der
Kaiserin für den selbstbewussten Aristokraten unübersehbar
war, sollte es bald Gerüchte geben. Elisabeth hatte ein unaus-
gefülltes Leben und führte eine unglückliche Ehe, vom überschäumenden Temperament und den phantasievollen Ideen
des Grafen war sie begeistert. Auch Gyula Andrássy dürfte von
ihrer Schönheit und ihrem Charme beeindruckt gewesen sein.
In der über Ida Ferenczy abgewickelten und verschlüsselt ge-

führten Korrespondenz erörterten der Graf wie die Kaiserin freilich allein politische Problemstellungen. Dass sie eine Liebesaffäre hatten, ist äußerst unwahrscheinlich. Dafür ließen nicht nur die Wiener Hofgesellschaft und die Polizeibehörden, die jeden Schritt der beiden streng überwachten, keinen Freiraum. Elisabeth selbst bevorzugte es, aus der Distanz romantisch verehrt zu werden; Andrássy wiederum war sich seiner historischen und politischen Aufgabe bewusst.

Kurz nach der Rückkehr des Kaiserpaars nach Wien eskalierte der Konflikt mit Preußen. Mit Otto von Bismarck hatte Wilhelm I. 1862 einen begabten, machtbewussten Ministerpräsidenten berufen, der nicht nur die sich zum Verfassungskonflikt ausweitende innenpolitische Krise geschickt durch außenpolitische Aktionen überspielte, sondern mit der Annäherung an Russland seit 1863 und der Provokation Österreichs nach dem gemeinsamen Sieg gegen Dänemark eine Vereinigung Deutschlands unter preußischer Führung anstrebte.

1866 vollzog Preußen durch die Besetzung Holsteins den Bruch mit Österreich. Als auf dessen Antrag am 14. Juni im Deutschen Bund die Mobilmachung der Bundesarmee mit Ausschluss Preußens beschlossen wurde, deutete die preußische Regierung das als Kriegserklärung. Da Bismarck schon im April einen Geheimvertrag mit dem jungen Königreich Italien geschlossen hatte, wurde die Donaumonarchie Mitte Juni in einen Krieg an zwei Fronten verwickelt. Trotzdem glaubte zunächst niemand an einen preußischen Sieg.

In Venetien waren die österreichischen Truppen unter dem Oberbefehl von Erzherzog Albrecht siegreich. Dass in verlustreichen Schlachten um eine schon aufgegebene Provinz gekämpft wurde, wussten nur wenige: Österreich hatte vor Kriegsausbruch in einem Geheimvertrag mit Napoleon III. die oberitalienischen Gebiete an Frankreich abgetreten (das sie an Italien weitergeben sollte) und dafür französische Neutralität zugesichert bekommen. Im Krieg gegen Preußen hatte die Habsburgermonarchie zahlreiche Verbündete: Mit Sachsen, Bayern, Baden, Württemberg, Hannover, Hessen-Darmstadt, Kurhessen und Nassau kämpften theoretisch die süd- und mitteldeutschen Staaten auf ihrer Seite. Mit Ausnahme von Sachsen und Hannover erwiesen sich die Verbündeten freilich als säumig. Besonders Bayern machte Schwierigkeiten.

Nach dem plötzlichen Tod von Max II. war 1864 sein noch nicht neunzehnjähriger Sohn bayerischer König geworden. Ludwig II., romantisch schön, charmant und intelligent, war zunächst begrüßt worden. Bald wurde aber klar, dass er weder über den nötigen staatsrechtlich-politischen Sachverstand noch über die persönliche Reife und Autorität verfügte, um die objektiv schwierigen Probleme Bayerns lösen oder nur die ihm zukommenden verfassungsmäßigen Rechte und Pflichten konsequent wahrnehmen zu können. Unsicher und von Selbstzweifeln gequält, entwickelte Ludwig ein stark überhöhtes Selbstbild. Die Idee des unzeitgemäß-absolutistischen Herrschers wurde freilich immer wieder von der Realität widerlegt. Diesen kränkenden Kollisionen entzog sich Ludwig durch Flucht. Auf dem Höhepunkt der Krise zwischen Österreich und Preußen floh er 1866 auf die Roseninsel im Starnberger See und war für seine Minister nicht erreichbar. Selbst Elisabeth, die ihr Heimatland immer verteidigte und den *Königsvetter* [83] seit einem ersten Treffen in Bad Kissingen ins Herz geschlossen hatte, zeigte sich irritiert.

Im Deutschen Krieg von 1866 verfolgte der preußische Generalstabschef Helmuth von Moltke konsequent seine Strategie der schnellen Besetzung feindlichen Gebiets. So rückten mit Kriegsbeginn Mitte Juni drei preußische Armeen in Böhmen ein und warfen in mehreren Gefechten die österreichischen Nordtruppen zurück.

Elisabeth beschäftigte sich intensiv mit der Kriegslage. Am 29. Juni fuhr sie angesichts des sich abzeichnenden Debakels ohne die Kinder von Bad Ischl nach Wien. In der für Österreich bedrohlichen Krisensituation gefordert, stellte sie sich den Pflichten als Landesmutter und Gattin. Ihrem politisch wie militärisch interessierten siebenjährigen Sohn Rudolf berichtete sie von der siegreichen Schlacht der Südarmee bei Custozza, von der Besetzung Dresdens durch feindliche Truppen und vom preußischen Vormarsch in Böhmen: *Trotz der traurigen Zeit und den vielen Geschäften sieht der liebe Papa Gott lob gut aus, hat eine bewundernswerthe Ruhe und Vertrauen in die Zukunft, obwohl die preußischen Truppen furchtbar stark sind und ihre Zünd-Nadelgewehre einen ungeheuren Erfolg haben.*[84]

Die österreichischen Soldaten kämpften zwar tapfer. Ihre Bewaffnung erwies sich aber als veraltet – das preußische Zündnadelgewehr war dem Vorderlader an Feuerkraft drei- bis viermal überlegen. Auch waren der Nachschub und die Versorgung von Verwundeten wieder nur mangelhaft organisiert. Vor allem aber versagte die österreichische Generalität unter Ludwig von Benedek. Am 3. Juli 1866 erlitt die von sächsischen Truppen unterstützte kaiserliche Nordarmee im ostböhmischen Königgrätz in der größten Schlacht der modernen Geschichte – es kämpften 450 000 Mann – eine extrem verlustreiche Niederlage. Preußen sollte durch diesen an nur einem Tag errungenen Erfolg europäische Großmacht werden.

Moltke rückte mit seinen Armeen schnell auf Wien vor. Dass Otto von Bismarck die militärische Drohung nur einsetzte, um Österreich seine Friedensbedingungen diktieren zu können, war nicht abzusehen. Da eine Entscheidungsschlacht um Wien erwartet wurde, begann man Akten des Außenministeriums und kostbare Handschriften der Hofbibliothek auszulagern. Wer es sich leisten konnte, die Reichshauptstadt zu verlassen, floh in andere Landesteile.

Nachdem Elisabeth sich tagelang in Wien intensiv für die Versorgung der zahllosen Verwundeten eingesetzt hatte, reiste sie am 9. Juli nach Ofen und holte vier Tage später Rudolf und Gisela nach. Angesichts der dramatischen Kriegslage wollte Franz Joseph seine Frau und seine Kinder an einem sicheren Ort wissen. Aus taktischen Gründen war es zwar notwendig, die explosive Situation in Ungarn zu entschärfen und die noch immer eine gemeinsame österreichisch-ungarische Lösung anstrebende Gruppe um Ferenc Deák zu unterstützen, die hoch politische Entscheidung, seine Familie nach Ofen zu schicken, dürfte der Kaiser aber nur auf Elisabeths Initiative getroffen haben. Den politischen und persönlichen Ratschlägen seiner Mutter vertraute er endgültig nicht mehr.

Elisabeth nützte in den folgenden Wochen die Kriegslage – Mitte Juli standen die preußischen Truppen bei Pressburg, 50 Kilometer östlich von Wien – wie die Selbstzweifel ihres Mannes, um die ungarische Sache mit sehr konkreten, in täglichen langen Briefen vorgetragenen Vorschlägen voranzutreiben. An den ungarischen Hofkanzler in Wien schrieb sie bereits am 14. Juli: *Das Zugeständnis, zu dem ich den Kaiser zu bewegen trachte, das er mir aber leider noch nicht machte, ist, die jetzigen Regierungsmänner zu entfernen und als Minister des Äußern Gyula Andrássy zu ernennen. Dies wäre eine Konzession an Ungarn, ohne sich durch Nachgeben jetzt zu kompromittieren. Seine Popularität würde beruhigend und vertrauenerweckend wirken und das Königreich ruhig halten, bis endlich die Verhältnisse erlauben, daß die inneren Zustände geregelt werden.*[85] Am nächsten Tag schrieb sie nach einem Treffen mit Andrássy an Franz Joseph:

> O Ungarn, geliebtes Ungarnland!
> Ich weiß dich in schweren Ketten.
> Wie gerne böt ich meine Hand,
> Von Sklaverei dich zu retten!
>
> Elisabeth

Er sprach seine Ansichten klar und deutlich aus. Ich habe sie verstanden und die Überzeugung gewonnen, daß, wenn Du ihm vertraust, aber g a n z, so sind wir, und nicht Ungarn allein, sondern die Monarchie, noch zu retten. Du mußt aber jedenfalls selbst mit ihm reden, und zwar gleich [...]. Sagst Du ‹nein›, willst Du in letzter Stunde nicht einmal mehr einen uneigennützigen Rat hören, dann handelst Du wirklich un.lich an uns allen.[86] Franz Joseph traf Andrássy am 17. und Deák am 19. Juli. Den Jüngeren beurteilte er als «zu wenig präcis in seinen Absichten und ohne die nothwendige Rücksicht auf die übrigen Theile der Monarchie», der «Alte» erschien ihm als «weise», aber ohne «Courage».[87] Aus guten politischen Gründen zögerte Franz Joseph, den Ungarn Sonderrechte zu gewähren. Vor allem aber wollte er seine Herrschaft nicht auf Liberale stützen. Zudem hoffte er, die Situation wieder einmal verkennend, dass Frankreich, das sich in dem Geheimvertrag nur zu Neutralität verpflichtet hatte, auf Österreichs Seite eingreifen würde.

Franz Joseph versuchte, seine drängende Frau mit unterwürfig-mitleidheischenden Grußformeln wie «Dein Männeken» oder «Dein Kleiner» zu beruhigen: Diese stereotypen Wendungen sollte er auch in seiner späteren Korrespondenz beibehalten. Elisabeth ließ sich aber weder durch genaue Lageberichte von den Kriegsschauplätzen noch von Horrormeldungen über die Verwüstungen in Böhmen und den Ausbruch von Seuchen unter den Soldaten beeindrucken. Sie dachte als «williges, ja geradezu fanatisches Werkzeug der Person und der Politik Gyula Andrássys»[88] nur an Ungarn. Am 25. Juli fragte Franz Joseph, schon etwas genervt, was Elisabeth «bestimmt hat, jetzt energischer aufzutreten?»[89] Drei Tage später teilte er ihr die Bedingungen des Vorfriedens von Nikolsburg mit: «In den Präliminarien ist die Integrität von Österreich und Sachsen gewahrt, wir treten ganz aus Deutschland aus und zahlen 20 Millionen Thaler.»

Wichtiger als die Tatsache, dass damit die tausendjährige gemeinsame deutsche Geschichte beendet wurde, war ihm aber Privates: «Jetzt hätte ich halt eine schöne Bitt. Wenn Du mich besuchen könntest!»[90] Elisabeth fuhr Ende Juli nur nach Wien, um ihn weiter unter Druck zu setzen. Franz Joseph freilich schrieb ihr nach ihrer Abreise sehnsuchtsvolle Briefe, «denn, wenn Du auch recht bös und sekant warst, so habe ich Dich doch so unendlich lieb, daß ich ohne Dich nicht sein kann»[91]. Als sich Elisabeth mit fadenscheinigen Argumenten weigerte, Ungarn zu verlassen, und – die politischen Notwendigkeiten wie seine enorme Belastung verkennend – störrisch seinen Gegenbesuch einforderte, resignierte er: «Wenn Du die hiesige Luft ungesund findest, so wird es so sein, in Ischl könnte ich Euch jetzt eben so wenig besuchen, wie in Ofen und so muß ich mich eben trösten und mein langgewöhntes Alleinsein wieder mit Geduld tragen. In dieser Beziehung habe ich schon viel auszuhalten gelernt und man gewöhnts endlich. Ich werde über diesen Punkt nicht ein Wort mehr verlieren, denn sonst wird unsere Correspondenz zu langweilig, wie Du sehr richtig bemerkst und ich werde in Ruhe erwarten was Du später beschließest.»[92] Elisabeth blieb, einen Kurzbesuch an Franz Josephs Geburtstag ausgenommen, mit ihren Kindern bis Anfang September in Ofen.

Am 23. August wurde in Prag Frieden geschlossen. Die wirtschaftlichen, territorialen und militärischen Folgen des Desasters waren weniger dramatisch als befürchtet: Österreich musste Reparationszahlungen leisten und Venetien an Italien abtreten. Der von Otto von Bismarck diktierte Austritt aus dem Deutschen Bund bedeutete aber eine wesentliche politische Wende. Die Neugestaltung Deutschlands ohne Österreich hatte schon fünf Tage vor Unterzeichnung des Friedensabkommens konkrete Formen angenommen: Am 18. August 1866 war der Norddeutsche Bund gegründet worden. Franz Joseph musste in der Folge hinnehmen, dass Preußen Schleswig, Holstein, Kurhessen, Nassau, das Königreich Hannover und Frankfurt am Main annektierte. Dass Bismarck auch die süddeutschen Staaten in Geheimbündnissen zu militärischem Beistand verpflichtete, wusste er nicht. Wenige Wochen nach Friedensschluss beendete der preußische Ministerpräsident den innenpolitischen Verfassungskonflikt: Der nach allgemeinem und gleichem Wahlrecht gewählte (nord)deutsche Reichstag beschloss im April 1867 eine föderal-liberale Bundesverfassung.

Im Oktober 1866 holte Österreich eine andere Krise ein. Ferdinand Max, der intelligente, vielfach begabte und beliebte Bruder Franz Josephs, geriet in Mexiko in große Bedrängnis. Voll hoch fliegender politischer Pläne, aber ohne politische Aufgabe hatte der ehrgeizige Erzherzog 1864 die ihm von Napoleon III. angetragene mexikanische Kaiserkrone angenommen. Unter dem Druck der USA ließ Frankreich im Sommer 1866 Mexiko fallen. Als die Truppen des ehemaligen mexikanischen Präsidenten Benito Juárez García immer mehr Land zurückeroberten, schickte Kaiser Maximilian, wie Ferdinand Max sich nun nannte, seine Frau nach Europa. Charlotte fand weder in Paris noch in Rom Unterstützung und erlitt im Herbst 1866 einen psychischen Zusammenbruch, von dem sie sich nicht mehr erholte. An ein österreichisches Engagement für den mexikanischen Kaiser war nach dem verlorenen Krieg sowieso nicht zu denken.

Franz Joseph hatte mit der gefährlichen politischen Lage

im verwüsteten Böhmen und der auch infolge des außenpolitischen Machtverlusts dringend notwendigen Staatsreform bedrängendere Probleme. Ministerpräsident Graf Richard Belcredi suchte nach einem für alle Völker akzeptablen Ausgleich: Der böhmische Aristokrat wollte die Donaumonarchie in fünf Königreiche gliedern, die unter der absolutistischen Regierung des Kaisers verbunden sein sollten. Die Liberalen ließen sich freilich nicht für dieses konservative Konzept gewinnen: Sie begeisterten sich für Bismarcks modernere Verfassungslösung und setzten Franz Joseph unter Druck.

Elisabeth mischte in diesem hoch politischen Machtkampf mit. Obwohl sie sich Repräsentationspflichten verweigerte, empfing sie demonstrativ ungarische Gäste. Sie hielt ihren Ehemann in kühler Distanz, zwang ihm aber, der gewohnt war, einsame Entscheidungen über Akten zu fällen, private politische Diskussionen auf. Das nötige Wissen für diese sachlichen Auseinandersetzungen mit Franz Joseph erhielt sie von dem ungarischen Journalisten Max Falk, der offiziell als Konversationspartner und Sprachlehrer engagiert wurde. Der spätere Chefredakteur des «Pester Lloyd» klärte Elisabeth ganz im Sinn seines engen Freundes Andrássy über historische Hintergründe und aktuelle politische Notwendigkeiten auf. Die Ungarn fanden neben der Kaiserin auch in den deutschen Liberalen und dem im Oktober 1866 ernannten neuen Außenminister Graf Friedrich Ferdinand Beust wichtige Bündnispartner. Zudem präsentierten sie anders als die Slawen konkrete wie praktische politische Vorschläge.

Anfang 1867 vollzog Franz Joseph eine radikale Kehrtwendung: Der frühere absolutistische Herrscher über alle Kronländer setzte nun auf den deutsch-ungarischen Ausgleich und auf eine liberale Verfassung. Beust folgte am 7. Februar 1867 dem auf eigenen Wunsch entlassenen Belcredi als Regierungschef. Zehn Tage später wurde Andrássy zum ersten ungarischen Ministerpräsidenten ernannt und damit die alte Verfassung wieder in Kraft gesetzt. Am 10. März übernahm seine neue Regierung die Verwaltung Ungarns und Siebenbürgens. Es folgten langwierige Diskussionen im ungarischen Reichstag über die komplizierten Ausgleichsgesetze. Als am 29. Mai mit 257 zu 117 Stimmen die Ausgleichsgesetze beschlossen wurden, schrieb Elisabeth selbstironisch und stolz an ihren Mann: *Immer mehr sehe ich ein, daß ich außerordentlich klug bin, trotzdem Du meinen vorzüglichen Verstand nicht genug würdigst.* [93]

Franz Joseph und Elisabeth wurden am 8. Juni in der Ofener Mathiaskirche gekrönt. Als stellvertretender Palatin setzte der ehemalige Revolutionär Andrássy dem Kaiser die ungarische Königskrone auf. Anlässlich der prunkvollen Krönungsfeierlichkeiten sprach Franz Joseph nicht nur eine Amnestie für alle politischen Vergehen seit 1848 aus. Indem er das traditionelle ungarische Krönungsgeschenk von 100000 Gulden zur allgemeinen Überraschung explizit den Witwen, Waisen und Invaliden der nationalungarischen revolutionären Armee spendete, setzte er eindeutige Versöhnungszeichen.

In Erinnerung an die ungarische Königskrönung: Fotomontage (nach 1888) aus zwei Fotos von Emil Rabending von 1866 und 1869. Bis heute ist kein einziges gemeinsames Atelierfoto von Elisabeth und Franz Joseph bekannt.

Dass Elisabeth nicht wie üblich erst einige Tage nach ihrem Mann zur Königin von Ungarn gekrönt wurde, begriff sie als demonstrativen Dank. Stolz trug sie ihr von Charles Worth in Paris entworfenes Krönungskleid, das, zum Anlass passend, «Elemente des ungarischen Magnatenkostüms zitierte»[94]. Als die ungarische Regierung dem frisch gekrönten Paar das nahe Ofen gelegene Schloss Gödöllő als Privatresidenz schenkte, freute Elisabeth sich besonders: Sie hatte das Anwesen bei Ausritten im Sommer 1866 entdeckt. Im Anschluss an die anstrengenden mehrtägigen Feierlichkeiten traf die neue Königin von Ungarn eine intime wie hoch politische Entscheidung. Sie entschloss sich zu einer weiteren Schwangerschaft: Das Kind wollte sie als Geschenk für Ungarn in der Ofener Burg zur Welt bringen.

Mit der Unterzeichnung des Schlussprotokolls am 26. Dezember 1867 wurde der Prozess der politischen Neuordnung abgeschlossen: Der Doppelstaat Österreich-Ungarn, die k. u. k., die kaiserliche und königliche, Monarchie war gegründet. Die beiden selbständigen Reichsgebiete hatten mit Wien und Budapest zwei Hauptstädte. Es gab zwei Parlamente und zwei Kabinette, gemeinsam waren nur das Kriegs- und das Außenministerium, deren Finanzen ebenfalls von einer Stelle geregelt wurden. Vereinbart wurden auch einheitliche Regeln für Zoll, Währung und Eisenbahn; die noch immer desolaten Staatsfinanzen wurden aufgeteilt. Wesentlicher Teil der politischen Neuordnung war eine liberale Verfassung, die sich als flexibel und modern erweisen sollte.

Franz Joseph hatte sich intensiv in die Ausgleichs- und Verfassungsverhandlungen eingebracht. Von den Ungarn lernte der ehemals selbstherrliche Autokrat den Umgang mit Parlamenten. Bis zu seinem Tod betrachtete er es als seine politische Pflicht, den 1867 errungenen Kompromiss zu erhalten und möglichst gut umzusetzen.

Lange war nicht bekannt, wie intensiv Elisabeth in den politischen Umwälzungsprozess involviert war. Veröffentlichungen aus dem Privatarchiv von Gyula Andrássy gaben 1910 erstmals Hinweise auf ihre bedeutende Rolle. So wurde bekannt, dass Andrássy etwa im Juli 1866 anlässlich eines Besuchs in Schönbrunn in seinem Tagebuch notiert hatte: «Sicher ist, daß, wenn ein Erfolg erreicht wird, Ungarn der schönen Vorsehung (Elisabeth), welche über ihm wacht, mehr zu danken haben wird, als es ahnt.»[95] Egon Cäsar Conte Corti legte schließlich 1934 durch Veröffentlichungen aus der Privatkorrespondenz die Beteiligung der Kaiserin offen. Brigitte Hamann zeigte 1981 in ihrer wichtigen Biographie, dass Elisabeth immer der ungarischen Sache und dem Liberalismus verbunden blieb. Sie trug auch ihr Leben lang stolz den Titel «Erzsébet, a magyarok királynéja» – «Elisabeth, Königin der Ungarn» –, obwohl das Ungarische anders als das Deutsche wie für alle Berufe unterscheidet zwischen einer regierenden Königin (királynö) und der Frau des herrschenden Königs (királyné).[96]

Bis heute herrscht Uneinigkeit darüber, ob der Ausgleich und damit die Rolle der Kaiserin positiv oder negativ zu beurteilen seien. Brachten die Magyaren Königin Erzsébet Királyné Verehrung und Liebe entgegen, so wurde der Einfluss von Kaiserin Elisabeth auf Franz Joseph von informierten deutschen und slawischen Kreisen beklagt. Für die Böhmen, Slowaken, Polen, Kleinrussen und Südslawen – sie stellten mit 40 Prozent die Mehrheit der Bevölkerung – war der Doppelstaat eine empörend ungerechte Benachteiligung. Die nach Österreichs Ausschluss aus Deutschland empfindlich gekränkten Deutschnationalen sahen sich durch die Aufwertung Ungarns noch mehr in der Defensive. Diese Konflikte sollten schließlich den Vielvölkerstaat sprengen. Wahrscheinlich wäre es aber ohne die Doppelstaat-Lösung schon 1867 zu einer Abspaltung Ungarns gekommen. Die neue Verfassung erwies sich jedenfalls als «Voraussetzung für die Blüte der nun folgenden liberalen Ära»[97].

Titania (1868 – 1888)

In das politische Tagesgeschäft sollte Elisabeth sich nach 1867 nur mehr selten und nie mehr konsequent einmischen. Auch die Repräsentationsaufgaben einer österreichischen Kaiserin und ungarischen Königin nahm sie immer weniger wahr: Dezidiert als Privatperson suchte sie sich in der Mutterrolle wie im Schönheitskult, später im Sport und in der Literatur zu verwirklichen.

Selbstverwirklichung versus Repräsentation

Elisabeth brachte ihr jüngstes Kind am 22. April 1868 in Ungarn zur Welt. Obwohl der Wiener Hoftratsch eine Vaterschaft Gyula Andrássys kolportierte, gilt als sicher, dass auch das so genannte Ausgleichskind eine Tochter Franz Josephs war. Das Mädchen wurde in einem großen ungarischen Fest, der Namenswahl der Mutter entsprechend, Marie Valerie getauft.

Elisabeth versuchte mit ihrer dritten Tochter alles nachzuholen, was sie bei den älteren Kindern versäumt hatte. Trotz standesgemäßer Ammen, «Ajas» und Kinderfrauen kümmerte sie sich konsequent und intensiv um ihre Jüngste – und vernachlässigte Gisela und Rudolf: Am Wiener Hof wurde Marie Valerie bald «die Einzige» genannt. Elisabeth stürzte sich in die Mutterrolle – später sollte sie gestehen: *«So liebt man nur einmal im Leben.»*[98] Trotzdem fand sie auch zu ihrem vierten Kind keine intuitiv-empathische Beziehung: Auf Hüsteln oder Zahnen reagierte sie mit maßloser Aufregung. Marie Valerie wiederum dürfte durch Elisabeths allzu große Fürsorge und ihre manchmal pathetisch inszenierte Zuneigung überfordert gewesen sein. Im Alter von neunzehn klagte sie in ihrem Tagebuch: «Schrecklich zu denken, dass ich das einzige Band bin, das Mama an diese Erde knüpft … wie oft hat sie es mir gesagt! Welche Verantwortung ist diese Mutterliebe für mich.»[99] So

etwas wie ein Familienleben lernte Marie Valerie erst als Erwachsene kennen: Ihre Kindheit verbrachte sie an der Seite der unstet zwischen Ungarn, Bayern und Wien hin- und herreisenden Mutter.

Hatte Elisabeth sich 1867 in Ischl von den strapaziösen Feiern in Ungarn erholt, so fuhr sie im darauffolgenden Sommer mit der wenige Wochen alten Tochter an den Starnberger See. Ein Jahr später stellte ihr der Bruder Ludwig sein Schloss Garatshausen zur Verfügung. Elisabeth verbrachte viele folgende Frühsommer im Kreis ihrer bayerischen Familie. Ab Anfang der siebziger Jahre mietete sie das Hotel Strauch in Feldafing. Im Lauf der Zeit wurde das Haus nach ihren luxuriösen Ansprüchen umgebaut.

1868 und 1869 verbrachte Elisabeth insgesamt mehr als zwölf Monate in Ungarn. Bald mokierte sich nicht nur der Wiener Hof über die horrenden Summen, die ihre Aufenthalte in Ofen und Gödöllö verschlangen, auch die österreichischen Zeitungen brachten bissige Meldungen. Trotzdem hielt sich Elisabeth bis Mitte der Achtziger jährlich mehrere Monate in Ungarn auf. Ihrer Mutter gestand sie: *Hier lebt man so ruhig, ohne Verwandte u. Seccaturen u. dort [in Wien] diese ganze kaiserl. Familie!*[100] Elisabeth liebte vor allem Gödöllö. In dem Schloss, das sie zur Krönung geschenkt bekommen hatte, richtete sie ihr persönliches Reich ein. Dort setzte sie das höfische Protokoll außer Kraft und frönte ihrer Reitleidenschaft: Ab 1872 veranstaltete sie regelmäßig große Jagden. Schließlich nutzte auch Franz Joseph Gödöllö als Familien-Jagdschloss.

Da die Kaiserin neben ihren Bayern- und Ungarnaufenthalten noch zur Sommerfrische fuhr, 1869 nach Rom reiste und Anfang der siebziger Jahre zwei Winter im Süden verbrachte, war sie selten in Wien. Im Lauf der Jahre steigerte Elisabeth sich in einen regelrechten Hass gegen die Hofgesellschaft: Sie litt nicht mehr unter der Ablehnung, sondern strafte die Aristokraten mit hochmütigem Schweigen oder provokanten Scherzen. Dass sie nur äußerst selten in der Öffentlichkeit auftrat, enttäuschte auch das Volk: Als sie etwa die Eröffnung der neuen Oper an der Wiener Ringstraße wegen angeblicher Unpässlichkeit platzen ließ, war die Entrüstung groß.

Elisabeth verweigerte sich zwar auch den karitativen Aufgaben einer Landesmutter, sie liebte aber unangemeldete Besuche in Krankenanstalten und Irrenhäusern. Ohne protokollarischen Zwang konnte sie sich auf die Leiden und Probleme einzelner Patienten einlassen. Ihr Einsatz war freilich vor allem durch Neugier motiviert: So zeigte sich die Kaiserin fasziniert von psychischen Krankheiten, neue Forschungs- oder Therapieansätze unterstützte sie aber nicht. Diese «paradoxe Mischung von Engagement und ungelebten Potentialen»[101] ist charakteristisch für Elisabeth: Sie sollte sich noch für viele Themen interessieren, aber (vielleicht abgesehen vom Reitsport) nie konsequent ihre Fähigkeiten nutzen. Obwohl sie

Das interessante Blatt

Nr. 45. Wien, 11. November 1886. V. Jahrg.

Der Besuch der Kaiserin in der Irrenanstalt.

Kaiserin Elisabeth wendet in der Frauenabteilung der Irrenanstalt einer Hypnotisierung bei. (Siehe Seite 2.)

Die heutige Nummer ist 16 Seiten stark.

Der Besuch der Kaiserin in der Irrenanstalt

laut dem liberalen Politiker Johann von Chlumecky «die klerikalen Einflüsse bei Hofe eindämmte und sie vom Kaiser nach Möglichkeit fernehielt»[102], mischte sich Elisabeth nicht mehr offensiv in politische Fragen ein.

Im Juli 1870 erklärte Napoleon III. nach lange schwelender Rivalität Preußen, der zweiten europäischen Großmacht, den Krieg. Durch Geheimverträge verpflichtet, kämpften die süddeutschen Staaten an der Seite des Norddeutschen Bundes. Ein französisch-österreichisches Bündnis scheiterte nicht nur an russischen Einwänden: Es hätte für die Doppelmonarchie auch bedeutet, gegen die Partner von 1866 antreten und für jenes wenig geliebte Frankreich in den Krieg ziehen zu müssen, das Österreich nur vier Jahre zuvor so schmählich im Stich gelassen hatte.

Die Truppen unter preußischer Führung verfolgten auch im Deutsch-Französischen Krieg die Taktik schneller Siege. Otto von Bismarck wusste wieder die militärischen Erfolge mit einer innenpolitischen Strategie zu verbinden. Am 2. September kapitulierte die französische Armee bei Sedan, Napoleon III. geriet in Gefangenschaft. Zwei Tage später wurde die französische Republik ausgerufen. Schon Mitte September schlossen die Deutschen Paris ein. Infolge der Siege traten im November Bayern, Württemberg, Baden und Hessen dem Norddeutschen Bund bei, der am 10. Dezember 1870 in «Deutsches Reich» umbenannt wurde. Nachdem auch die französischen Entsatzarmeen an der Jahreswende geschlagen worden waren, kam es am 28. Januar 1871 zum Waffenstillstand. Schon zehn Tage vor dem offiziellen Kriegsende wurde der preußische König Wilhelm I. in Versailles zum deutschen Kaiser ernannt.

Im April 1871 erhielt das Deutsche Reich eine liberale Reichsverfassung, die den konstitutionellen Kompromiss zwischen dem monarchisch-föderalistischen alten Ordnungsprinzip und der neuen nationalen Einigungsidee suchte. Otto von Bismarck besetzte als neu ernannter Reichskanzler, Staatssekretär des Äußeren und einziger nur dem Kaiser verantwortlicher Reichsminister eine Schlüsselstellung. Dank seiner geschickten Friedens- und Bündnispolitik stieg das Deutsche Reich zur neuen Vormacht in Europa auf.

Elisabeth interessierte sich zwar für die schwierige Situation Österreich-Ungarns. So äußerte sie sich ihrem Mann gegenüber pessimistisch zu den Auswirkungen des Kriegs – man fürchtete 1870 allgemein, dass Preußen auch gegen Österreich-Ungarn militärisch vorgehen würde: *Wir werden aber vielleicht doch noch ein paar Jahre vegetieren, bis die Reihe an uns kommt, was meinst Du?* [103] Während des Deutsch-Französischen Kriegs engagierte sie sich aber nicht mehr an der Seite Franz Josephs.

Franz Joseph im Ornat des Ordens vom Goldenen Vlies. Gemälde von Sigismund Pollak, 1868

War sie im Juli und August in Neuberg an der Schneealpe, so reiste sie von Oktober 1870 bis Juni 1871 mit Marie Valerie und Gisela nach Meran. Vielleicht suchte sie nicht nur Distanz zur Wiener Familie, sondern auch zu ihrer bayerischen Heimat.

König Ludwig II. wird bis heute nachgesagt, dass er sich im Lauf der Jahre immer mehr aus den aktuellen politischen Geschäften zurückgezogen habe. Es steht aber fest, dass er seiner Aufsichtspflicht gegenüber der Verwaltung bis zum Schluss durchaus gewissenhaft nachkam. Vielleicht liegt der Grund dafür, «wie wenig Ludwigs konkrete Regierungsarbeit bisher wissenschaftlich untersucht worden ist»[104], in der Problematik, dass er keine nachvollziehbare Strategie verfolgte. So setzte er im Widerspruch zu seinen absolutistischen Machtansprüchen immer wieder propreußische und liberale Minister ein.

Konsequent drückte Ludwig II. hingegen sein höchst individuelles Kunstinteresse aus. Nachdem die Freundschaft mit Richard Wagner abgekühlt war, stürzte er sich, inspiriert durch Besuche in Paris, Versailles und auf der Wartburg bei Eisenach, in die Bautätigkeit. Ludwig errichtete anders als seine Vorgänger nur rein private Gebäude: Die teuren Schlösser im einsamen Voralpenland sollten sein Ideal monarchischer Selbstherrschaft widerspiegeln. Seine bekanntesten Projekte waren das von mittelalterlicher Architektur inspirierte Schloss Neuschwanstein, das neospätbarocke Schloss Linderhof und die an Versailles orientierte Anlage auf Herrenchiemsee.

1870 sah Ludwig II. sich mit einer objektiv schwierigen politischen Lage konfrontiert. Im Sommer veranlasste er die uneingeschränkte Mobilisierung. Infolge der deutschen Siege geriet er im Herbst unter massiven politischen Druck. Bis heute wird kolportiert, er habe Bayern aus persönlicher Geldgier an Preußen verkauft. Nachweisbar ist, dass Ludwig in den Verhandlungen mit Bismarck vehement seine privaten finanziellen Probleme thematisierte: Nach dem Beitritt zum Deutschen Reich erhielt er jährlich 300 000 Mark aus dem Welfenfonds. Dass er zentrale Souveränitätsrechte abtrat, hatte aber vor allem politische Gründe. Ludwig II. dürfte die nationalen Tendenzen und die Macht Preußens realistisch eingeschätzt haben: Er wollte das Königreich Bayern in der konstitutionellen Föderation retten. Zugleich bedauerte er seine Zustimmung zur Reichsgründung. Ludwigs gesamte weitere Regierungszeit sollte durch Ambivalenz geprägt sein: Er erkannte und stellte sich politischen Sachzwängen, um dann gegen eigene Entscheidungen aufzubegehren und in Traumwelten zu fliehen.

Elisabeth beobachtete die Umbrüche in ihrer bayerischen Heimat wie auch die innenpolitische Entwicklung Österreich-Ungarns aus der Distanz. Franz Joseph suchte 1871, irritiert über die Begeisterung der Liberalen für Bismarcks Einigungswerk, die Allianz mit der konservativen slawischen Opposition. Als dieses Projekt scheiterte, ernannte er im November 1871 eine neue Regierung. Indem er Gyula Andrássy zum Außenminister Österreich-Ungarns machte, verpflichtete er sich nicht nur der liberalen Verfassung, sondern vollzog auch eine radikale Kehrtwendung in der Außenpolitik: Andrássy strebte eine konsequente Zusammenarbeit mit dem Deutschen Reich an.

Auch in dieser Umbruchphase war Elisabeth nicht in Wien. Sie verbrachte den Winter 1871/72 in Meran. Möglicherweise entschied sie sich bewusst für diese Reise, um Andrássys Ernennung nicht zu gefährden. Nachdem sie demonstrativ bei der Thronrede zur Einführung der neuen Regierung erschienen war, hielt die österreichische Kaiserin sich in den folgenden Jahren an die Ratschläge «ihres» Außenministers – so pflegte sie trotz ihrer Abneigung gegen Preußen Kontakte zur deutschen Kaiserfamilie.

Ihrer ehemals mächtigen Schwiegermutter ging Elisabeth aus dem Weg. Erzherzogin Sophie ihrerseits mischte sich nicht mehr in die Kindererziehung ein und nahm protestlos hin, dass ihre Schwiegertochter alle Damen und Herren, die sie ausgesucht hatte, aus ihren Diensten entließ. Sie strafte aber etwa Marie Festetics, die neue ungarische Hofdame der Kaiserin, mit Nichtachtung. Auch politisch hatte sich Sophie längst zurückgezogen. Sie konnte den Tod ihres Lieblingssohns nicht verwinden: Ferdinand Max, der mexikanische Kaiser von Napoleons Gnaden, war am 19. Juni 1867 in Querétaro standrechtlich erschossen worden. Sophie erkrankte im Frühjahr 1872 an einer Lungenentzündung. Als sie Ende Mai starb, verloren der Wiener Hof und die Habsburger die letzte traditionelle Integra-

Gräfin Marie Festetics

tionsfigur. Denn Elisabeth hasste nicht allein die strenge höfische Etikette, sie hatte auch weder Interesse an noch die Fähigkeit zu teilnehmenden Gesprächen mit Rudolf, Gisela, Franz Joseph oder anderen Verwandten.

Obwohl oder vielleicht auch weil Elisabeth wenig Sympathie für ihre farblose und hausbackene ältere Tochter empfand, betrieb sie intensiv deren frühe Verehelichung. Trotz der eigenen negativen Erfahrungen suchte sie schon für die fünfzehnjährige Gisela einen Kandidaten. Da nur wenige katholische Prinzen im heiratsfähigen Alter waren, wählte sie einen nicht ebenbürtigen Sohn des bayerischen Prinzen Luitpold. Ob sie absichtlich gegen die Regeln der dynastischen Heiratspolitik verstieß oder nur ihre Älteste schnell unter die Haube bringen wollte, kann heute nicht mehr geklärt werden. Gisela heiratete im April 1873 Prinz Leopold von Bayern: Als Mutter von vier Kindern sollte sie in München ein zufriedenes, ruhiges und langes Leben führen.

Nach der Hochzeit der Tochter musste Elisabeth sich weiteren Repräsentationspflichten stellen. So häufig wie anlässlich der Wiener Weltausstellung 1873 trat sie später nie mehr in der Öffentlichkeit auf. Dieses Ereignis sollte nicht nur die wirtschaftliche Prosperität der so genannten Gründerzeit dokumentieren; Österreich-Ungarn wollte der Welt auch zeigen, dass man seit 1867 den Anschluss an das westeuropäische Fortschrittsdenken gefunden hatte. Da nach Jahren der Expansion im Zusammenhang mit der am 1. Mai eröffneten Weltausstellung Riesengewinne erwartet wurden, investierten viele ihre Vermögen in umfangreiche Börsengeschäfte. Die Folgen einer Finanzpolitik, die über lange Zeit Probleme des unkontrollierten Spekulationswesens ignoriert hatte, waren dramatisch. Schon am 9. Mai kam es zum großen Börsenkrach.

Obwohl der Zusammenbruch in Österreich-Ungarn spektakulärer verlief als anderswo, wurde in Wien weiter exzessiv gefeiert. Franz Joseph und Elisabeth empfingen zahlreiche Staatsgäste. Zur Eröffnung begrüßten sie das deutsche Kronprinzenpaar. Es folgten der russische Zar Alexander II., der englische Thronfolger Edward, Prince of Wales, die deutsche Kaiserin Augusta, die spanische Königin Isabella und andere. Ende Juli zog sich Elisabeth, ermüdet von den unzähligen Repräsentationspflichten, aber auch aus Angst vor einer in Wien wütenden Cholera-Epidemie, nach Payerbach bei Reichenau an der Rax zurück: Als Vorwand diente ihr wie so oft der Hinweis auf Menstruationsbeschwerden.[105] Nach einem Ischl-Aufenthalt sagte Elisabeth im September weitere Empfänge ab. Als im Oktober Kaiser Wilhelm I. zu Besuch kam, blieb sie in Gödöllö. Sie überließ alle Repräsentationsaufgaben ihrem pflichtbewussten Mann. Die Kaiserin kehrte erst im Dezember 1873 anlässlich der Feierlichkeiten zu Franz Josephs fünfundzwanzigjährigem Regierungsjubiläum nach Wien zurück. Ihr demonstrativ desinteressiertes Auftreten bei den Feiern wurde in Zeitungsartikeln kritisiert. Als sie während eines Spaziergangs am Ring erkannt und vom jubelnden Volk umringt wurde, reagierte sie mit Panik. In den folgenden Jahren sollte sie ihren Hass auf Wien, ihre Angst vor jeglichen öffentlichen Auftritten und ihre Menschenscheu weiter kultivieren.

Nach dem Repräsentationsmarathon anlässlich der Weltausstellung und des Thronjubiläums verweigerte sich Elisabeth konsequent den Pflichten einer Kaiserin. Sie konnte den so gewonnenen Freiraum aber nur selten nützen. Marie Festetics stellte schon im August 1873 fest: «Sie ist eine Schwärmerin, und ihre Hauptbeschäftigung ist Grübeln. […] Sie brauchte eine Beschäftigung, eine Position, und da die Einzige, die Sie hätte, Ihrer Natur zuwider ist, liegt in Ihr alles brach.»[106]

MYTHOS VON ZEITLOSER SCHÖNHEIT

Elisabeth verbrachte um 1876 viel Zeit mit der Tochter ihres Bruders Ludwig. Die junge Baronesse Marie Wallersee war nicht nur auffallend hübsch und ausgesprochen sportlich. Der Kaiserin gefiel es auch, mit dem Mädchen die Aristokratie zu provozieren – Marie war wegen ihrer jüdisch-bürgerlichen Mutter keine standesgemäße Begleiterin. Elisabeth förderte ihre Lieblingsnichte: Sie kaufte ihr Kleider, ließ sie auf teuren Pferden reiten, führte sie in die adelige Gesellschaft ein und lehrte sie Arroganz im Umgang mit männlichen Bewunderern. Für die junge Marie war die Kaiserin bedingungslos angebetetes Vorbild. Für Elisabeth freilich verlor diese Freundschaft bald ihren Reiz: Im Herbst 1877 trieb sie die Nichte in eine unglückliche Ehe mit Graf Georg Larisch.

Elisabeths Tochter Marie Valerie (rechts) und Marie Wallersee, später verheiratete Gräfin Larisch. Foto

Die Vermittlerrolle, die Gräfin Marie Larisch 1888/89 für Kronprinz Rudolf und Mary Vetsera spielte, sollte ihr weiteres Leben prägen. Weil Elisabeth sie nach der Tragödie von Mayerling verstieß, fühlte sich Marie nicht mehr an das Schweigegebot gebunden, welches die Kaiserin allen in ihrer Nähe auferlegte. So sind in den sensationslüsternen Memoiren der Marie Louise von Wallersee-Larisch, wie sie sich nach ihrer Scheidung und zwei weiteren Ehen nannte, auch Bemerkungen zu Elisabeths Schönheitskult zu finden. «Sie sah ihre Lebensaufgabe darin, jung zu bleiben, und all ihr Sinnen drehte sich um die besten Mittel zur Erhaltung ihrer Schönheit.»[107] «Elisabeth verbrachte Stunden bei ihrem Schneider mit dem Anprobieren ihrer Reitkleider.»[108] So wählte sie nicht nur Kleidungsstücke, die ihre Figur betonten, sondern ließ sich, damit alles eng und perfekt saß, in diese einnähen. Auch die Dessous durften nicht auftragen: «Die Kaiserin liebte kleine, dicht anschmiegende Hemdchen; ihre Beinkleider waren im Sommer aus Seidentrikot, im Winter aus Leder. […] Unterröcke trug sie nie».[109]

Elisabeths strenges und zeitintensives Schönheitsprogramm hatte Erfolg. Sie war nicht nur die eigentliche Attraktion der Weltausstellung und wurde 1874 als schönste Großmutter Europas gefeiert, sie sollte noch mit fünfzig als große Schönheit gelten. Elisabeth wurde drei Jahrzehnte lang ihrem außergewöhnlichen Ruf gerecht. Schönheit war für sie «das übergreifende Leitmotiv» ihrer «Existenz».[110] Marie Larisch beschrieb in ihren Erinnerungen «die alles beherrschende leidenschaftliche Liebe» der kaiserlichen «Tante zu ihrer Schönheit. […] Der Anblick der Vollkommenheit ihres Körpers bereitete ihr einen ästhetischen Genuß.»[111] Elisabeths Gefühl, auserwählt zu sein, und der ausgeprägte Narzissmus waren aber auch gepaart mit großer Empfindlichkeit und Arroganz. Sie weigerte sich, als «*Anziehpuppe*»[112] im Theater oder bei öffentlichen Anlässen aufzutreten, und richtete an die oft unvermeidbaren *Gaffer* 1887 folgende hilflos-überhebliche Zeilen:

Zu toll wird endlich mir der Spass;
Und nichts mehr soll mich hindern;

Ich drehe eine lange Nas'
Und zeige ihnen den H ... n.[113]

Wie Juliane Vogel in ihrer lesenswerten Studie «Elisabeth von Österreich» festhält, wurde «sie sich selbst zur Kunstfigur»[114]. Die letzten offiziellen Porträtfotos ließ Elisabeth 1868/69 von Ludwig Angerer anfertigen. 1873 saß sie dem Maler Georg Raab zwar nicht Modell, er durfte aber als Letzter im Vorbeigehen Skizzen von ihr machen: Raab dokumentierte auf seinem Gemälde eine der berühmten «Steckbrieffrisuren» mit Stirnfransen. Alle später entstandenen Porträts griffen auf die frühen Fotos zurück: So zeigen Bilder aus den neunziger Jahren nicht nur die schlanke Frau, die sie noch immer war, sondern eine alterslose Kaiserin mit jugendlichem Gesicht. Indem Elisabeth sich ab Anfang dreißig nicht mehr fotografieren oder malen ließ und sich hinter Fächern und Schirmen jeglichem Betrachtetwerden konsequent entzog, schuf sie den Mythos ihrer zeitlosen Schönheit.

LIEBESPHANTASIEN

Die Beziehung zwischen Franz Joseph und Elisabeth war nach der Ehekrise Anfang der sechziger Jahre geprägt durch seine unterwürfige wie eifersüchtige Verehrung und ihre kühle, distanzierte Achtung. Auf die auch durch ihre Verweigerung provozierten Seitensprünge – der österreichische Kaiser hatte etwa zwischen 1875 und 1888 eine intime Beziehung zur Eisenbahnergattin Anna Nahowski[115] – reagierte sie mit spöttischem Verständnis. Der verlorenen Liebe trauerte Elisabeth trotzdem nach: *Doch unsre Liebe sterben sehen, / Nichts andres traf mein Herz so schwer.*[116] Obwohl sie eine abgeklärte Haltung ihrem Mann gegenüber einnahm, kam es oft zu Konflikten: Gab Franz Joseph nicht nach, pflegte sie abzureisen. Die häufigen Streitigkeiten und langen Trennungen führten zu Gerüchten um Affären der Kaiserin, die durch Elisabeths Vorliebe für Verehrer

Frau Ritter Blaubart nenn' ich mich,
Hab' auch ein Kabinet;
Viel Häute hängen minniglich
Dort, wohlgeputzt und nett.
                    Elisabeth

und Geheimniskrämerei noch genährt wurde. 1885 teilte sie aber in einem Gedicht ihrem Mann mit: *Ach! nur mein Geist, er ward dir untreu*[117].

Marie Larisch bemerkte über ihre Tante: «Elisabeth war in die Liebe verliebt, weil sie ihr das Lebensfeuer bedeutete. Sie betrachtete die Sensation, angebetet zu werden, als Tribut, der ihrer Schönheit zukam. Doch ihre Begeisterung dauerte nie lange».[118]

Elisabeth verstand sich, inspiriert von dem 1887 erschienenen Abenteuerroman «SHE» des englischen Schriftstellers Henry Rider Haggard, als schöne Königin, die sich ihre Jugend und Unsterblichkeit in asketischer Zurückgezogenheit bewahrt.[119] Wie verkrampft Elisabeths Verhältnis zu sexuellen und anderen leiblichen Genüssen war, dokumentiert das im September 1885 verfasste *Anti-Trinklied*:

> *Für mich keine Liebe,*
> *Für mich keinen Wein;*
> *Die eine macht übel,*
> *Der andre macht spei'n!* [120]

Ein unschuldiges Liebesabenteuer ist, den Schilderungen Egon Cäsar Conte Cortis folgend, durch Aufzeichnungen Marie Valeries und Berichte des Auserwählten belegt.[121] Elisabeth besuchte am Faschingsdienstag 1874 heimlich einen Maskenball. Tief verschleiert und in einen gelben Domino gehüllt, kam sie auf der Rudolfinerredoute im Musikverein durch Ida Ferenczys Vermittlung mit einem jungen Beamten ins Gespräch. Bei diesem Flirt mit Friedrich Pacher von Theinburg stellte sie sich freilich so ungeschickt an, dass er schnell erraten konnte, mit wem er es zu tun hatte. Elisabeth glaubte zwar zunächst ihr Inkognito gewahrt. Als Pacher ihr aber als Antwort auf den dritten mit verstellter Handschrift geschriebenen Brief vermittelte, dass er sie für die Kaiserin hielt, brach sie den Kontakt ab.

In ihrer Erinnerung maß sie dem Erlebnis große Bedeutung zu und suchte 1885 nochmals Briefkontakt zu dem inzwischen verheirateten und nach eigenen Aussagen kahlköpfigen Fritz Pacher. Als dieser ihr entnervt schrieb, «eine anonyme Korrespondenz entbehrt nach so langer Zeit des Reizes»[122], nannte Elisabeth ihn erbost *Ein ganz gemeines Beast; / Kahl war er auch, dazu noch schiech*[123]. Trotzdem sandte sie ihm zwei Jahre später ein traurig-elegisches Erinnerungsgedicht, an Pachers lyrischer Antwort war sie aber nicht mehr interessiert.[124]

Shakespeares «Ein Sommernachtstraum» war Elisabeths Lieblingsstück. In der Komödie lässt der Elfenkönig Oberon seiner Frau Titania und anderen Figuren ein Zaubermittel in die Augen träufeln, das sie jenes Wesen lieben lässt, das sie unmittelbar nach ihrem Erwachen sehen. Von ihrer närrischen und zwanghaften Liebe zu dem eselsköpfigen Schwätzer Bottom wird Titania erst durch einen Gegenzauber befreit. Elisabeth inszenierte sich gerne als Titania, Franz Joseph schrieb sie meist die Rolle des Oberon zu, sah ihn wie alle anderen Verehrer, die sie enttäuscht hatten, aber auch manchmal als Esel. Die in der Komödie vorgezeichnete Versöhnung der Elfenkönige war für sie freilich keine Wunschvorstellung. In freier Interpretation legte Elisabeth im April 1885 Titania ihre eigene Sehnsucht nach einer harmonischen Partnerschaft in den Mund:

> *Nur ich, die schier wie Verfluchte,*
> *Ich, Feenkönigin,*
> *Ich finde nie das Gesuchte,*
> *Nie den verwandten Sinn.*[125]

Mit Ausnahme ihrer Freundschaft zu Ida Ferenczy ließ sich Elisabeth nie auf eine durch Nähe und gegenseitige Zuneigung geprägte Beziehung ein: Den von ihr auserwählten Menschen verlangte sie Verehrung aus der Distanz wie auch den Verzicht auf jegliches Privatleben ab.

REITEN ALS PASSION

Angeregt und gefördert von ihrem Vater Max, war schon die jugendliche Sisi eine exzellente Reiterin. Sowohl Erzherzogin Sophie als auch Franz Joseph waren irritiert über ihren extremen Bewegungsdrang und forderten immer wieder, dass sie den in den Augen der Zeitgenossen wenig weiblichen und die Würde einer Kaiserin unterlaufenden Reitsport einschränken sollte. Sie ließ sich aber von ihrer Vorliebe nicht abbringen, dürfte sie doch früh im Reiten eine Art Therapie gegen Nervosität und innere Anspannung gefunden haben. Um 1863 entstand eine Fotoserie von Ludwig Angerer, die sie hoch zu Ross zeigt. Ab den siebziger Jahren standen in den Ställen von Wien und Gödöllö ausgesuchte edle Tiere. Elisabeth präsentierte sich bis 1882 gern im Sattel: Obwohl sie ihre durch hautenge Reitkleider betonte Figur zur Schau stellte, pflegte sie ihr Gesicht

hinter einem immer mitgeführten Fächer vor neugierigen Blicken zu schützen.

Von Herbst 1872 an betrieb sie mehr als ein Jahrzehnt lang Reiten als Extremsport. Während der Parforcejagden in Ungarn entdeckte sie die Freude am Wettstreit mit Männern. Sie musste eine sehr geschickte und mutige Reiterin sein, um überhaupt mit dem anderen Geschlecht mithalten zu können. Denn Elisabeth ritt wie alle Frauen im prüden 19. Jahrhundert im Damensattel: Das bedeutete, dass sie sich nur an einer schräg auf dem Sattel angebrachten Gabel festklammerte, über die sie das eine Bein legte, um mit dem anderen, im Steigbügel fixierten, dagegenzudrücken. Sie war also, wenn sie etwa über Hindernisse sprang, allein auf ihre Geschicklichkeit im Balancieren angewiesen.

Die wegen ihrer Reitkünste und nicht aufgrund ihrer aristokratischen Abstammung nach Gödöllö geladenen Herren bewunderten Elisabeths Können und zeigten sich von ihrer distanzierten Arroganz fasziniert. Graf Nikolaus Esterházy war als einer der besten Reiter der Monarchie und «master» der Gödöllöer Parforcejagden Favorit der Kaiserin. Er blieb ihr wie auch der wegen seiner Schönheit und seiner Reitkünste bekannte Prinz Rudolf Liechtenstein sein Leben lang in stiller Verehrung ergeben.

Die von Anfang September bis zum 3. November dauernde ungarische Jagdsaison war Elisabeth bald zu kurz. Mitte der siebziger Jahre ließ sie in Wien, Schönbrunn und Gödöllö Manegen bauen und nahm bei Elise Petzold, der Kunstreiterin des berühmten Zirkus Renz, Unterrichtsstunden. Ernst Renz, der Prinzipal, beriet sie beim Pferdekauf, der ehemalige Zirkusdirektor Hüttemann unterrichtete sie im Dressurreiten. Elisabeth studierte aber auch umfangreiche Literatur zum Thema. 1884 nannte Leopold von Heydebrand in seiner «Einführung in das Gebiet der edlen Reitkunst für Damen» als Beispiele «hervorragende[r] Meisterinnen» «aus der vornehmen Welt nur Ihre Majestät Kaiserin Elisabeth von Österreich und unter den Berufsreiterinnen Fräulein Elise Pezold».[126]

Aufbruch zur Parforcejagd vor Schloss Gödöllö. Elisabeth in schwarzem Reitkleid mit Fächer. Gemälde von Kórnel Spányik nach Julius von Blaas, 1881

93

Als Nonplusultra des Pferdesports galt im 19. Jahrhundert die englische Parforcejagd. In der durch Hecken, Holzbarrikaden und Wasserrinnen natürlich unterteilten freien Weidelandschaft waren anders als etwa im bewaldeten oder agrarisch genutzten Mitteleuropa hindernisreiche und extrem schnelle Jagden möglich. Auf Einladung ihrer Schwester Marie fuhr Elisabeth 1874 erstmals nach England. Diese Reise rechtfertigte sie noch mit dem Vorwand, dass Marie Valerie Seebäder benötige. Ihr kurzer Besuch bei Queen Victoria, der sich aus Gründen der Höflichkeit und Staatsraison nicht umgehen ließ, sorgte für Verstimmung: Auch bei späteren Anlässen sollte sie sich wenig Zeit für diese Repräsentationspflicht nehmen. Als Elisabeth die englische Fuchsjagd kennen lernte, war ihr Ehrgeiz geweckt: Sie wollte nicht einfach nur mitmachen, sondern als beste Reiterin brillieren.

1875 starb Ferdinand, Franz Josephs Vorgänger, in Prag. Nur weil dieser ein riesiges Vermögen hinterließ, konnte der Kaiser Elisabeths teure Reitleidenschaft finanzieren. Ende Juli 1875 fuhr sie zum Reittraining zwei Monate in die Normandie. In das angemietete Schloss Sassetôt folgten ihr und ihrer Tochter der Obersthofmeister Freiherr Franz von Nopcsa und zahlreiche Hofdamen, aber auch der Leibarzt Dr. Hermann Widerhofer, die Erzieher von Marie Valerie, Kammerfrauen, Hofköche, Stallpersonal und selbstverständlich einige kaiserliche Pferde. Aus England reiste der Reitlehrer Allen an, der Elisabeth zu Querfeldeinritten über bepflanzte Felder, was die Bauern erboste, aber auch zu waghalsigen Kunststücken anfeuerte. Am 11. September stürzte sie schwer und erlitt eine leichte Gehirnerschütterung. Trotzdem setzte sie sich, sobald es möglich war, wieder aufs Pferd. Die Reise kostete Franz Joseph 62 450 Gulden. Zum Vergleich: In den Jahren ab 1875 stand Elisabeth eine jährliche Apanage von 300 000 Gulden zur Verfügung.

Anfang März 1876 fuhr Elisabeth nach Easton Neston in Northamptonshire. Sie quartierte sich und ihr großes Gefolge in der Nähe des Landsitzes von John Poyntz Spencer ein. Der fünfte Earl von Althorp stellte Elisabeth seinen Freund Bay Middleton als Piloten für die Fuchsjagd zur Verfügung. William George Middleton, der seit seiner militärischen Ausbildung den Spitznamen «Bay» trug, war einer der besten Reiter Englands. Er war mittelgroß und stämmig, hatte rotblondes Haar und galt nicht nur wegen seiner Schwerhörigkeit als spröde und ruppig. Trotz seiner auffallenden Arroganz und Selbstbezogenheit hatte er Charme und Ausstrahlung. Die Aufgabe, die achtunddreißigjährige österreichische Kaiserin bei den Jagden sicher durch das ihr unbekannte Gelände zu führen, reizte ihn zunächst nicht. Elisabeth erreichte freilich mit dem ihr eigenen Fanatismus ihr Ziel. Sie ritt nicht nur wie sonst wenige Frauen die gefährlichen Jagden, sondern beeindruckte als mutigste und beste Reiterin ihren Piloten. Heiter und zufrieden genoss sie Bay Middletons Begleitung und unterwarf sich

William George (Bay) Middleton

seinem Kommando. Da ihre Pferde nicht für die hindernisreichen und schnellen Jagden geeignet waren, kaufte sie englische Tiere und ließ diese in den folgenden Jahren auch während ihrer Abwesenheit auf der Insel trainieren.

Im Januar 1878 reiste die Kaiserin nach Cottesbrook in Northamptonshire und verbrachte nicht nur während der Jagden viel Zeit mit Bay Middleton. Zwar demonstrierte sie gerne, dass sie eine besondere Beziehung zu ihrem Piloten hatte, und auch Bay Middleton machte kein Hehl daraus, dass die schöne Kaiserin Ziel seines «romantischen, mystischen, wundervollen Liebessehnens»[127] war, eine Liebesbeziehung dürften die beiden aber nicht gehabt haben.

Der inzwischen neunzehnjährige Rudolf absolvierte Anfang 1878 eine Bildungs- und Besichtigungsreise in England. Hatte Elisabeth schon seit Marie Valeries Geburt ihren sie bewundernden Sohn vernachlässigt, so übte sie seit Beendigung seiner Schulausbildung im Sommer 1877 keinen Einfluss mehr auf seine Umgebung aus. Es interessierte sie nicht, dass Franz Joseph dem naturwissenschaftlich begabten Kronprinzen ein Universitätsstudium verwehrte und ihm mit Graf Charles Bombelles einen ultramontanen Obersthofmeister zuwies, der den sensiblen jungen Mann stärker an aristokratische Kreise binden und damit seinen bürgerlich-liberalen Lehrern entfremden sollte. Von der Nähe zwischen seiner Mutter und ihrem Piloten irritiert, brüskierte Rudolf, als Exkönigin Marie von Neapel ihm Gerüchte über eine Affäre hinterbrachte, Middleton. Elisabeth distanzierte sich von der Schwester und wies ihren Sohn streng zurecht. Auf Anregung ihres Freundes John Spencer, der als ehemaliger Vizepräsident von Irland die Nachbarinsel gut kannte, beschloss Elisabeth, die nächsten Jagden dort zu absolvieren.

Die beiden englischen Aufenthalte verschlangen jeweils ungefähr 150 000 Gulden. Vorsichtig kritische Zeitungsberichte spiegelten das allgemeine Unverständnis für Elisabeths teure Reitleidenschaft wider. Nachgetragen wurde ihr aber vor allem, dass sie einerseits einem Sport nachging, der elitärer Zeitvertreib einer adelsstolzen Gesellschaftsklasse war, andererseits aber ihre volksnahen Repräsentationspflichten vernachlässigte: Abgesehen von den unvermeidlichen jährlichen Hofbällen war sie nur selten in der Öffentlichkeit zu sehen. Da sie nicht oft in Wien war, lebte Franz Joseph sehr einsam. Zur Entspannung ging auch er in Österreich und Ungarn auf die Jagd, weite Reisen konnte er sich aber nicht leisten.

Im Mai 1876 hatte Elisabeth in Zusammenhang mit einer Diskussion über die Frage, ob Hofpferde Privatleuten für Rennen überlassen werden sollten, ihrem Mann verärgert vorgehalten: *In Politik mische ich mich nicht mehr, aber in diesen Sachen [...] will ich doch noch ein Wort mitzusprechen haben.*[128] Möglicherweise konzentrierte sie sich in diesen Jahren allein auf den Reitsport, weil Franz Joseph sie von der Politik fern hielt oder weil sie «ihren» Außenminister Gyula Andrássy nicht behindern wollte. Jedenfalls kümmerte Elisabeth sich 1877 und 1878 wenig um die Folgen des Russisch-Türkischen Kriegs. Dass der Berliner Kongress die russische Vorherrschaft am Balkan beseitigte, indem Österreich-Ungarn das Mandat für Bosnien und Herzegowina zugeteilt wurde, interessierte sie nicht. Als die kaiserlichen Truppen in den neuen Provinzen als Feinde empfangen und bekämpft wurden, besuchte sie aber wieder Verwundete.

Die von Andrássy betriebene Annäherung an das Deutsche Reich und die zunehmenden Differenzen mit Russland führten 1879 zum Abschluss des geheimen deutsch-österreichischen Zweibunds. 1882 sollte dieser mit Italien zum Dreibund erweitert werden. Zusätzliche Sonderverträge mit Großbritannien und Rumänien sicherten eine lange Friedensperiode in Europa. Mit den Wahlen 1879 ging in Österreich-Ungarn die Zeit des Liberalismus zu Ende. Der Konservative Graf Eduard Taaffe wurde Ministerpräsident, Andrássy musste zu Elisabeths Bedauern als Außenminister gehen.

Im Zusammenhang mit ihren Irlandreisen 1879 und 1880 bewies die österreichische Kaiserin nicht nur Rücksichtslosigkeit in diplomatischen Belangen, sondern auch politische Blauäugigkeit. Zwar nahm sie die sozialen Spannungen zwischen den armen katholischen Iren und den anglikanischen englischen Pächtern wahr; doch dass sie etwa mit von nationalen irischen Zeitungen breit dargestellten Klosterbesuchen das britische Königshaus provozierte, kümmerte sie nicht. Aus Summerhill berichtete sie Franz Joseph begeistert von ihren Reitkunststücken. Obwohl das Töten für sie nur ein uninteressanter Nebenaspekt der Hirsch- und Fuchsjagden war, zeigte sie, wie etwa am 6. März 1879, wenig Mitleid für die geschundenen Pferde: *Ich ritt Easton [...] Captain Middleton ein sehr ungeschicktes Tier und nicht in Kondition. Die Pace war sehr scharf, die Hindernisse groß, so war er auch bald am Boden. Bei einer sehr großen, schnellen Bank stürzte er zum zweitenmal, hinauf sprang das Pferd noch, war aber so ausgepumpt, daß es hinab am Kopf zu stehen*

Die Königin der Jagd,
Die Königin! Ja, das ist die Kaiserin!
Schau, schau, wie sie fliegt,
Mit nie fehlender Hand,
Mit nie ersterbendem Mut.
Charles Adolph Voigt

97

Kaiserin Elisabeth auf einer Fuchsjagd. Lavierte Bleistiftzeichnung

kam, ich mußte Easton einen Moment oben balancieren, um nicht darauf zu springen, und er machte dieses Geißbockkunststück sehr vernünftig. Über diese selbe Bank stürzte auch Rudi Liechtenstein […].[129] Nachdem sie wegen einer Überschwemmungskatastrophe in Ungarn ihren Aufenthalt hatte abbrechen müssen, kam sie 1880 noch einmal nach Summerhill. In ungezügelter Lebenslust feierte die sportliche und widerstandskräftige zweiundvierzigjährige Kaiserin an der Seite Bay Middletons Triumphe.

In den folgenden beiden Jahren nahm Elisabeth wieder in England an Parforcejagden teil. Ritt sie 1881 in Cheshire noch mit Middleton, so musste sie im Jahr darauf mit einem anderen Piloten jagen, da ihr langjähriger Begleiter sich verlobt hatte. Elisabeth zog noch während dieses zweiten Aufenthalts in Cheshire einen Schlussstrich: Sie verkaufte die englischen Pferde, nahm auch daheim an keinen Jagden mehr teil und gab schließlich das Reiten ganz auf. Als Gründe für den Sinneswandel führte sie später neben zunehmenden rheumatischen Beschwerden auch Ängste an. Ihrer Hofdame Irma Sztáray erzählte sie: «*Plötzlich und ohne jeden Grund hatte ich den Mut verlo *ren und ich, die ich noch gestern jeder Gefahr spottete, erblickte heute eine solche in jedem Busche und konnte mich von ihrem Schreckbilde nicht mehr befreien.»*[130] Vielleicht konnte Elisabeth aber auch einfach die Kränkung nicht verkraften, dass Bay Middleton darauf bestand, sein eigenes Leben zu führen.

Mit dem Ende des Reittrainings verlor Elisabeth jene Beschäftigung, die ein Jahrzehnt lang ihr Lebensinhalt gewesen war. So fand sie sich 1882, nachdem sie davor nur unvermeidliche öffentliche Auftritte wie etwa bei ihrer Silberhochzeit im April 1879 absolviert hatte, sowohl zur Teilnahme an einer militärischen Revue in Wien als auch zu einer gemeinsamen Reise mit Franz Joseph nach Triest bereit. Als sie diesen Repräsentationspflichten aber wieder nichts abgewinnen konnte, erlebte sie eine schwere seelische Krise. Wie schon früher suchte sie die innere Unruhe, die nervösen Störungen und Kopfschmerzen durch Bewegung zu mildern.

Ihrem nach Jahren des Extremsports durchtrainierten Körper verlangte sie, obwohl sie immer wieder an rheumatischen Beschwerden litt, stundenlange anstrengende Wanderungen ab. Die Hofdamen wurden inzwischen nurmehr nach ihrer sportlichen Ausdauer ausgewählt. 1883 entdeckte Elisabeth in der Studentenszene Heidelbergs das Fechten: In den folgenden Jahren trainierte sie diese als republikanisch verschriene Sportart. Trotz ihrer körperlichen Aktivitäten hielt sie auch streng Diät. Erst als ihr der in Amsterdam praktizierende Arzt und Masseur Johann Mezger prophezeite, dass sie bald «alt und runzelig wäre»[131], änderte sie ihr hartes Programm etwas ab: Sie aß zwar weiter wenig, kümmerte sich aber um die Pflege ihrer faltigen Haut.

Das poetische Tagebuch

Nachdem sie schon in den Jahren zuvor viel gereist war, fuhr Elisabeth Anfang 1885 zum zweiten Mal wegen einer Ischiasbehandlung nach Amsterdam. Am Meer in Zandvoort begann sie nach dreißig Jahren wieder Gedichte zu schreiben. Elisabeth fasste die Naturerlebnisse in lyrische Bilder, schilderte ihre Gefühle und fand in der freiheitsliebenden Möwe ein repräsentatives Selbstbild sowie in Achill einen idealen An-sprechpartner.[132]

Dichten war wie Musizieren, Komponieren oder Malen Ende des 19. Jahrhunderts noch Teil standesgemäßer adeliger wie bourgeoiser Lebensführung. Oft auch mangels anderer sinnvoller Beschäftigung dilettierten selbst Mitglieder von Herrscherhäusern in unterschiedlichen Künsten: So veröffent-lichte etwa Königin Elisabeth von Rumänien in den achtziger Jahren unter dem Pseudonym Carmen Sylva Dramen, Gedich-te, Märchen und Romane.

Das große Vorbild der österreichischen Kaiserin war Hein-rich Heine. Elisabeth bewunderte den 1856 im Pariser Exil ge-storbenen Dichter und engagierten Intellektuellen. Sie sam-melte nicht nur Heine-Ausgaben und -Autographe, sondern kannte viele seiner Verse auswendig. Wie sie später Constan-tin Christomanos gestand, liebte sie «*seine grenzenlose Verach-tung der eigenen Menschlichkeit und die Traurigkeit, mit der ihn die irdischen Dinge erfüllten*»[133]. Um sich von ihren Lebens-umständen distanzieren, aber auch ihre Widersacher ironisch bekämpfen zu können, adaptierte Elisabeth Heines Stil. Den «eigenen Empfindungen und Desillusionen» konnte sie auf der formalen und sprachlichen Folie seiner Gedichte Aus-druck geben.[134] Heines «Aus meinen großen Schmerzen / Mach ich die kleinen Lieder» wandelte sie ab zu: *In meiner großen Einsamkeit / Mach' ich die kleinen Lieder.*[135]

Die 1885 und 1886 entstandenen Texte fasste sie später unter der Überschrift *Nordsee Lieder* zusammen. Dieser Titel spielt auf die frühe Lyrik Heinrich Heines an. Mit seinen 1826 im ersten Teil der «Reisebilder» sowie 1827 im berühmten «Buch der Lieder» veröffentlichten zwei Zyklen «Die Nord-see» haben die ersten zwanzig Gedichte aus Elisabeths *Nordsee Liedern* die Themen Meer und Liebe sowie den Bezug zur Odys-see gemein. Die freien Rhythmen, die Heine nutzte, ersetzte sie freilich durch tradierte Reimschemata.

Elisabeth war nicht an poetologischen Fragestellungen interessiert, sie reflektierte auch nicht das problematische Ver-hältnis von Dichtung und Erfahrungswelt. Sie schrieb mit

Gedichthandschrift Elisabeths: «Ich schrie Deinen Namen hinaus in die Fluth», Nr. 12 der «Nordsee Lieder», entstanden im März 1885 in Amsterdam

einigen Unterbrechungen bis Ende 1888 Tagebuch in Gedichtform. So schilderte sie in den im Frühjahr und Sommer 1885 in Heidelberg, Bad Ischl und Wien verfassten Texten ihre Umgebung oder beklagte im autobiographischen Rückblick ihre enttäuschenden Liebeserfahrungen.[136] Elisabeth kommentierte aber auch aktuelle Geschehnisse. Das Treffen mit Zar Alexander III. im August 1885 im südmährischen Kremsier, bei dem Österreich und Russland sich trotz des schwelenden Balkankonflikts der gegenseitigen Freundschaft versicherten, beurteilte sie kritisch: Sarkastisch degradierte sie den Zaren zum *Pavian*, seine Frau zur *kleine[n] Äffin* und die Gefolgschaft zu *Makaken*.[137]

Vor allem aber floh Elisabeth in ihren Gedichten in Phantasiewelten. So wandte sie sich häufig an Achill, den tapfersten Helden der Griechen vor Troja:

Seit ich an seinem Grab gestanden,
Bin ich von Gluten aufgezehrt;
Ich schmachte nach dem stillen Hügel,
Und doch hat er mir nichts gewährt! [138]

Diese Strophe entstand im Oktober 1885 während Elisabeths erster Bildungsreise nach Griechenland: Angeregt durch Homers Epos «Ilias» und fasziniert von den Berichten über Schliemanns Ausgrabungserfolge, fuhr sie nach Troja, Rhodos, Zypern und Port Said. Ihr wissenschaftlicher Reisebegleiter, der Gelehrte und damalige österreichische Konsul auf Korfu, Alexander von Warsberg, war zunächst wenig von ihr beeindruckt gewesen: «[...] ich fand sie häßlich, alt, spindeldürr aussehend, schlecht angezogen und hatte den Eindruck, nicht eine Närrin, sondern eine Wahnsinnige vor mir zu haben». Er änderte aber schnell seine Meinung, war Elisabeth doch während der Besichtigungen «gesprächig, formlos, gescheidt, geradezu bedeutend, intim, vorurtheilslos, kurz wie eine der bezauberndsten Erscheinungen, die mir im Leben begegnet».[139] Warsberg weckte während dieser ersten Reise Elisabeths langjährige Griechenlandbegeisterung.

Zurück in Gödöllö brachen wieder alte Konflikte auf, die sie dichtend zu bewältigen suchte.[140] Franz Joseph dürfte seine empfindliche Frau in seiner emotionslosen, «geschäftig» «kurzen Art»[141] oft verletzt haben, ihren bei aller Hypersensibilität doch ausgeprägten trockenen «Humor» verstand er nicht.[142] Auch mit Elisabeths Heine-Faible – sie ließ überall Büsten aufstellen – und mit ihrer Vorliebe für die alten Griechen konnte er wenig anfangen. Franz Joseph litt unter der häufigen Abwesenheit seiner «süßen, geliebten Seele»: Seine Briefe leitete er meist mit der ungarischen Floskel «Édes, szeretett lelkem» ein.[143] Schließlich versuchte er, seine Frau durch die Errichtung der Villa Hermes im einsamen, westlich von Schönbrunn gelegenen Lainzer Tiergarten an Wien zu binden. Sie fühlte sich freilich in dem Schlösschen nie wohl, obwohl oder vielleicht auch weil Franz Joseph überall ihre Lieblingsmotive hatte anbringen lassen.

Deckengemälde im Schlafzimmer der Kaiserin in der Villa Hermes: Titania vor Oberons Wagen, gemalt von Hugo Charlemont

Da Elisabeth immer häufiger auf Reisen gehen wollte, ihrem vereinsamenden Mann gegenüber aber Schuldgefühle hatte, förderte sie dessen Freundschaft mit Katharina Schratt. Dass Franz Joseph in die dreiundzwanzig Jahre jüngere Schauspielerin verliebt war, wusste die Kaiserin. Im Mai 1886 übernahm sie die Initiative, sorgte für den ersten persönlichen Kontakt und in der Folge für gegenseitige Besuche. Elisabeth stellte auch Ida Ferenczy als Verbindungsfrau zur Verfügung, musste der Kaiser, der Moral der Zeit entsprechend, doch auf strenge Diskretion achten. Franz Josephs Briefe an «Meine liebe, gute Freundin!»[144] enthalten zwar keinen Hinweis auf eine sexuelle Beziehung, er dürfte bei der Burgtheater-Schauspielerin aber Wärme, Menschlichkeit und Trost gefunden haben. Nach Elisabeths Tod sollten die nie verstummenden Gerüchte um Katharina Schratt dem Ansehen des Kaiserhauses schaden. Bis heute wird sogar eine heimliche Heirat kolportiert.

Um ihre eigenen Interessen verfolgen zu können, erwies sich Elisabeth ab Mitte der achtziger Jahre als großzügige Kameradin. Sie beobachtete die Verliebtheit ihres Mannes mit Sympathie, manchmal auch mit Spott. Freilich verhalfen weder das Reisen noch das Schreiben Elisabeth zu psychischer Ausgeglichenheit. Im Dezember 1885 erkannte ihre achtzehnjährige Tochter Marie Valerie: «Viel ärger als das Übel [Ischias] ist Mamas unbeschreibliche Verzweiflung und Hoffnungslosigkeit. Sie sagt, es sei eine Qual zu leben und deutete an, sie möchte sich umbringen. ‹Dann kommst du in die Hölle›, sagte Papa. Und Mama antwortete: ‹Die Höll' hat man ja schon auf Erden.›»[145]

> Dein dicker Engel kommt ja schon
> Im Sommer mit den Rosen.
> Gedulde Dich, mein Oberon!
> Und mach nicht solche Chosen!
> [...]
> Sie schnürt den Bauch sich ins Korsett,
> Daß alle Fugen krachen.
> Hält sich gerade wie ein Brett
> Und «äfft» noch andere Sachen.
>
> Elisabeth über Katharina Schratt
> und Franz Joseph

Als Ludwig II. am 13. Juni 1886 im Starnberger See ums Leben kam, durchlebte Elisabeth eine schwere Krise. Obwohl sie einander nicht oft trafen, fühlte sich die österreichische Kaiserin dem bayerischen König über viele Jahre hindurch verbunden. Als dem exzentrischen *Königsvetter* in den achtziger Jahren nachgesagt wurde, wie sein jüngerer Bruder Otto geisteskrank zu sein, verteidigte Elisabeth ihn. Ihre enge, gleich gestimmte Beziehung beruhte auf ähnlichen Charakterzügen. So fühlten sich beide verkannt und auserwählt, sie verstanden einander in ihrer Menschenscheu und Ablehnung von gelebter Sexualität, teilten freilich auch künstlerische Interessen: In Gedichten besangen sie einander als *Möve* und «Adler».[146]

Ludwig II. hielt ab 1883 nur mehr über untergeordnete Hofbedienstete mit seinen Ministern Kontakt. Er provozierte, obwohl Bismarck 1884 noch einmal mit einer Million Mark aushalf und das bayerische Ministerium durch eine Bankanleihe die privaten Schulden des Königs ausglich, mit weiteren horrenden Ausgaben und Geldforderungen eine Finanzkrise. Am 9. Juni 1886 wurde Ludwig II. mit Hilfe eines ärztlichen Gutachtens entmündigt. Einen Tag später übernahm sein Onkel Luitpold die Regentschaft. Am 12. Juni wurde der vom Volk trotz seiner Exzentrizitäten verehrte «Kini» nach Schloss Berg gebracht und dort interniert. Während eines Spaziergangs am folgenden Spätnachmittag ertranken Ludwig und der Psychiater Bernhard von Gudden unter bis heute nicht geklärten Umständen im Starnberger See.

Elisabeth, die sich in Feldafing am gegenüberliegenden Ufer aufhielt, hatte gegen Ludwigs Amtsenthebung protestiert und sich mit ihrer bayerischen Familie zerstritten, die nicht an ein politisches Komplott glaubte. Sie dürfte aber nichts zur Rettung des Königs unternommen haben. Dass sie auf Ludwigs Tod mit heftigen Gefühlsausbrüchen reagierte, belegt eine Tagebucheintragung Marie Valeries vom 14. Juni: «Als ich abends zum Beten bei Mama war, warf sie sich allerlängst auf den Boden – ich schrie laut auf, denn ich dachte, sie hätte etwas gesehen und krampelte mich in solcher Angst an sie, dass wir schliesslich lachen mussten.»[147]

Ludwig II. im offenen Sarg. Pastell von Joszi Arpád Koppay, 1886

Die schwere psychische Krise bewältigte Elisabeth dichtend. Noch in Bayern schrieb sie wehmütige *Junilieder* [148], im Sommer in Ischl variierte sie in einem langen Gedicht ihre Version von Ludwigs Tod, um durchaus auch in eigener Sache, Heinrich Heine frei zitierend, festzuhalten:

Schliesslich, was ist wohl Verrücktheit?
Thoren gibt's genug und Narren,
Diese für verrückt zu halten,
Mag der Welt oft widerfahren. [149]

Nachdem sie 1886 ihren *Zauberberg*, den Jainzen bei Ischl, besungen, aber auch ein Treffen mit Bismarck in Gastein dichtend reflektiert und makabre Todesphantasien lyrisch durchgespielt hatte [150], wurde 1887 das produktivste Jahr der Lyrikerin Elisabeth von Österreich. Ständig auf Reisen – nach einer Kur nahe Temesvár, einem Besuch in München und einem Aufenthalt in Ischl fuhr sie in das englische Seebad Cromer, nach Bad Kreuth am Tegernsee und schließlich Mitte Oktober nach Korfu und Ithaka – , verfasste sie über 140 zum Teil umfangreiche Gedichte. Die autobiographischen Texte und sarkastischen Urteile über Höflinge wie Familienmitglieder sammelte sie später neben Naturgedichten und lyrischen Phantasien [151] unter dem Titel *Winterlieder*.

Nun liegt mein Körper unten
Im tiefsten Meeresgrund,
Die Riffe dort, die bunten,
Die rissen ihn noch wund.
[...]
Auf meinem Herzen kriechet
Ein Tier, halb Wurm, halb Aal;
Die Fersen mir beriechet
Ein Lobster-Kardinal.
[...]
Und zwischen meine Zähne
Klemmt sich ein Muscheltier. –
Kommt wohl die letzte Thräne
Als Perle einst zu dir?
Elisabeth

Elisabeth nützte, von Carmen Sylva, die sie im Frühjahr 1887 mehrmals traf, unterstützt, das Schreiben als Selbsttherapie. Wichtiger wurde aber auch der Spiritismus. Marie Valerie, die als Einzige viele Gedichte kannte, spielte auf die Idee der Mutter an, mit Ludwig II. und Heine in Kontakt zu stehen, als sie am 18. Juni 1887 in ihrem Tagebuch festhielt: «Seit ihrem innigen seelischen Verkehr ist Mama wirklich … ruhiger und

glücklicher und hat im Sinnen und Dichten ... eine befriedigende Lebensaufgabe gefunden.»[152] Elisabeth pflegte nicht
nur im «Vertrauen zu Jehova» eine Frömmigkeit jenseits aller kirchlichen Regeln, sondern entwickelte, angeregt durch
die Jugendfreundin Irene Paumgarten, die in München als
Schreibmedium Botschaften von Geistern übermittelte, einen
schwärmerischen «Totencultus»[153]. Den spiritistischen Ideen
des späten 19. Jahrhunderts verpflichtet, schrieb Elisabeth in
der Tradition mystischer Erotik etwa an Heinrich Heine:

> *Es schluchzt meine Seele, sie jauchzt und sie weint,*
> *Sie war heute Nacht mit der Deinen vereint;*
> *Sie hielt Dich umschlungen so innig und fest,*
> *Du hast sie an Deine mit Inbrunst gepresst.*
> *Du hast sie befruchtet, Du hast sie beglückt,*
> *Sie schauert und bebt noch, doch ist sie erquickt.*
> *O könnten nach Monden aus ihr auch erblüh'n*
> *so wonnige Lieder, wie Dir einst gedieh'n! –*
> *Wie würde sie hegen, die Du ihr geschenkt,*
> *Die Kinder, die Du, Deine Seele getränkt.*[154]

1887 beschäftigten Elisabeth aber auch Visionen vom Zerfall
der Monarchie. Diese formulierte sie nicht nur in Gedichten[155], sondern richtete auch ihr praktisches Handeln danach
aus: So legte sie, um im erwarteten Exil versorgt zu sein, be-
trächtliche Teile jenes Vermögens, das Franz Joseph ihr 1875
aus Ferdinands Erbe übertragen hatte, in der Schweiz an.

Elisabeth formulierte immer wieder ihre Sympathie für
die republikanische Staatsform. In dem Gedicht *Mein Traum*
stellte sie sich Anfang 1887 vor, sie sei der sich in herber Selbst-
kritik übende Kaiser und würde eine Konferenz der wichtigsten Männer aus allen großen Republiken zusammenrufen:

> *Und sollten sie entscheiden,*
> *Die Republik muss sein,*
> *So willige mit Freuden*
> *In ihren Wunsch ich ein.*[156]

Elisabeths Bekenntnis zur republikanischen Staatsform blieb freilich ambivalent. Auch kultivierte sie in den folgenden Jahren die resignierte Abwendung von der Politik. Ihren griechischen Vorleser Christomanos ließ sie im Dezember 1891 in dramatisierter Enttäuschtheit wissen: «*Ich habe auch zu wenig Respekt vor der Politik und erachte sie eines Interesses nicht wert.*»[157]

Schon 1887 hatte Elisabeth nämlich ein ganz anderes Ziel. Am 23. August verwies Marie Valerie auf ihr «Streben, das der Nachwelt frommen soll»[158]. Elisabeth dichtete zwar im Geheimen: Sie rechnete nicht mehr auf das Verständnis ihrer Zeitgenossen und war sich der Brisanz der zeitkritischen Gedichte bewusst. Da sie ihr «Poetisches Tagebuch» aber zugleich als ihr Vermächtnis betrachtete, sammelte und sicherte sie ihre Texte gewissenhaft. Wahrscheinlich in den Wintern 1886/87 und 1887/88 ließ sie eine Auswahl von ihrer Nichte Marie Larisch und deren Cousine Henny Pecz abschreiben. Die nach diesen Abschriften unter den Titeln *Nordsee Lieder* und *Winterlieder* angefertigten Geheimdrucke bewahrte sie mit den handschriftlichen Originalen auf.

1888 zwischen Wien, Budapest, Gödöllö, London, Bournemouth, Baden-Baden, Bayern, Ischl, Gastein und Wien unterwegs, griff Elisabeth nur mehr selten zur Feder. Auf die schwülstigen Liebesbeteuerungen eines jungen Mannes namens Alfred Gurniak Edler von Schreibendorf reagierte sie mit einer *Romantischen Erzählung in Reimen und Briefen*: Unter dem Titel *Titania und Alfred* machte sie sich über den Verehrer lustig.[159] Obwohl sie schließlich die im Herbst unternommene Korfu-Reise in Gedichten dokumentierte, trat das Schreiben in den Hintergrund. Den Text *Ein südliches Märchen*[160] brach Elisabeth vielleicht auch in Reaktion auf den Tod ihres Vaters im November ab. Zugleich begann sie das Studium der alt- und neugriechischen Sprache und plante, sich auf Korfu eine Villa bauen zu lassen.

In diesen Wochen ließ sie sich auch einen Anker auf die Schulter tätowieren. In der zweiten Hälfte des 19. Jahrhunderts waren Tatoos nicht mehr nur bei Matrosen als Souvenir aus der Südsee beliebt. Auch in Adelskreisen waren Tätowierun-

gen als positive Antwort auf die fortschrittlichen Reisemög-
lichkeiten wie auch als technologiekritische Referenz an ein
exotisch-archaisches Paradies modern. Diesem Trend erlagen
etwa auch Wilhelm II. und Kronprinz Rudolf.[161]

Franz Joseph war freilich wenig erfreut, als Elisabeth ihm
nach ihrer Rückkehr Anfang Dezember die Tätowierung zeigte. Seine Tochter Marie Valerie fragte er, «ob ich wohl schon
über die furchtbare Überraschung geweint habe, dass sich
nämlich Mama einen Anker auf der Schulter einbrennen liess,
was ich sehr originell und gar nicht so entsetzlich finde. ‹Ach
nein›, seufzte Mama, ‹ich habe eher geweint über eine andere
Überraschung.› Papa: ‹Nun?› Mama: ‹Sie will dem Franz sagen, dass er ihr Auserwählter ist.›»[162] Elisabeth selbst brachte
also die Tätowierung mit der Verlobung der Lieblingstochter
in Zusammenhang. Mit der schließlich für Sommer 1890 geplanten Hochzeit von Marie Valerie und Erzherzog Franz Salvator aus der toskanischen Nebenlinie der Habsburger zeichnete sich für sie das Ende einer Lebensphase ab. Darauf hatte
Elisabeth sich schon lange mental vorbereitet. Zu Marie Larisch hatte sie bemerkt: *«Habe ich erst einmal keine Verpflichtun-
gen mehr gegen meine Valerie und ist diese versorgt und glücklich
Frau mit recht vielen Kindern, was sich mein ‹Kedvesem› [Liebling]
immer wünscht, dann bin ich frei und dann beginnt mein ‹Möven-
flug›.»*[163] Der tätowierte Anker war also ein Vorgriff auf die für
die neunziger Jahre geplanten Reisen.

Elisabeth dürfte nach 1888 keine lyrischen Texte mehr
verfasst haben. Über die Motive, aus denen sie das Schreiben
plötzlich einstellte, kann nur spekuliert werden. Möglicherweise erschütterte sie auch der Tod ihres Sohnes Rudolf Ende
Januar 1889 so, dass sie nicht mehr schreiben konnte oder
wollte. Die Handschriften aus dem Jahr 1888 bewahrte sie freilich auf. Nach Marie Valeries Hochzeit schloss sie im Hoch-
sommer 1890 ihre Manuskripte in eine versiegelte Kassette,
die sie mit der Bestimmung versah, dass sie nach 60 Jahren an
den *Herrn Presidenten der Schweitzer Eidgenossenschaft Bern* aus-
geliefert werden sollte. Dem Konvolut legte sie ein wieder im
spiritistischen Verkehr mit Heine verfasstes Vermächtnis bei:

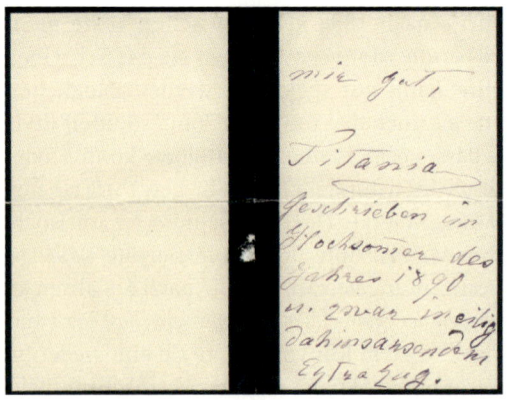

Elisabeths
Brief an die
Nachwelt,
1890

Liebe Zukunfts-Seele!

Dir übergebe ich diese Schriften. Der Meister hat sie mir dictirt, und auch er hat ihren Zweck bestimmt, nämlich vom Jahre 1890 an in 60 Jahren sollen sie veröffentlicht werden zum besten politisch Verurteilter und deren hilfbedürftigen Angehörigen. Denn in 60 Jahren so wenig wie heute werden Glück und Friede, das heisst Freiheit auf unserem kleinen Sterne heimisch sein. Vieleicht auf einem Andern? Heute vermag ich Dir diess nicht zu sagen, vieleicht wenn Du diese Zeilen liest – –

Mit herzlichem Gruss, denn ich fühle Du bist mir gut,
Titania [164]

Elisabeth übergab die Kassette ihrer Vertrauten Ida Ferenczy und verfügte, dass sie nach ihrem Tod an ihren Bruder Carl Theodor weitergegeben werden sollte. Dessen Sohn Ludwig in Bayern übergab, ihrem Wunsch entsprechend, 1951 dem Schweizer Präsidenten die Kassette sowie 29 gedruckte Exemplare der *Nordsee Lieder* und 30 Exemplare der *Winterlieder*. Elisabeth hatte, historisch-politische Umbrüche vorausahnend, mehrfach vorgesorgt. 1953 traf nach langen Verhandlungen mit der tschechoslowakischen Regierung eine Kassette aus dem Nachlass ihres Vertrauten Rudolf Liechtenstein in Bern ein, die die beiden gedruckten Gedichtbände enthielt. Der Schweizer Bundesrat beschloss 1954, von einer Veröffentlichung «Abstand zu nehmen» [165]. Erst 1978 erhielt die Historikerin Brigitte Hamann die Erlaubnis zur Einsicht, Ende 1980 wurde der Antrag der Österreichischen Akademie der Wissenschaften, alle Gedichte in einer wissenschaftlichen Edition zu veröffentlichen, vom Schweizer Bundesrat positiv entschieden. Elisabeths «Poetisches Tagebuch» erschien 1984.

Als Elisabeth 1890 ihre Verfügung niederschrieb, versuchte sie noch einmal ihre Isolation und Einsamkeit zu durchbrechen und ihre Motive und Gedanken zumindest einer zukünftigen Generation verständlich zu machen. Auf ihre Weise ist ihr das durchaus gelungen. Der erwartete postume Ruhm stellte sich aber nicht ein. Obwohl Elisabeths Gedichte wie die Texte vieler Adepten epigonal und von geringer literarischer Bedeutung sind, ist ihr Einfluss auf die Heine-Rezeption nicht

zu unterschätzen. Ende der achtziger Jahre unterstützte Elisabeth die Errichtung eines Denkmals in Heines Geburtsstadt
Düsseldorf. Sie verfasste im September 1887 nicht nur einen
lyrischen Spendenaufruf [166], sondern wollte selbst mit 12 950
Mark die Hälfte der Kosten des vom Berliner Bildhauer Ernst
Herter entworfenen mit einem Heine-Relief ausgestatteten Lo-
reley-Brunnens tragen. In den von antisemitischen Politikern
wie nationalkonservativen Journalisten angeheizten Streit
mischte sie sich 1888 freilich nicht ein. Das Düsseldorfer Denk-
malprojekt musste aufgrund der Proteste aufgegeben werden,
mit der Spendensumme wurde aber die Heine-Sammlung der
Landes- und Stadtbibliothek Düsseldorf gegründet, die bis
heute als Heinrich-Heine-Institut Ausgaben betreut und Forschung betreibt. So erreichte Elisabeth für ihr verehrtes Vorbild
mehr «als alle anderen Mitglieder der gar nicht so kleinen
Heine-Gemeinde damals»[167]. Bei ihrer Villa «Achilleion» auf
Korfu ließ sie 1891 ein Heine-Denkmal des dänischen Bild-
hauers Louis Hasselriis errichten.

Heine-Statue von
Louis Hasselriis im
Park des Achilleion
auf Korfu.
Foto aus einem
Album der Kaiserin

Möve (1889 – 1898)

Elisabeth verbrachte in ihren letzten Lebensjahren höchstens ein paar Wochen am selben Ort. In Wien, Budapest und Gödöllö war sie insgesamt nie länger als drei bis vier Monate, in der eigens auf Korfu errichteten Villa selten mehr als vier Wochen im Jahr. Freilich konnten weder die unsteten Reisen noch ihr intensives Interesse für Griechenland die Depressionen lindern.

Tod in Mayerling und Hochzeit in Ischl

Kronprinz Rudolf heiratete im Mai 1881 Stephanie, die siebzehnjährige Tochter des belgischen Königs Leopold II. Obwohl er den Anschein einer guten Ehe wahrte, verschlechterte sich das Familienklima: Elisabeth lehnte die Schwiegertochter ab, nannte sie in Gedichten wie in Gesprächen mit Vertrauten *Trampeltier*[168], halste ihr aber Repräsentationspflichten auf. Franz Joseph blieb auf Distanz zur jüngeren Generation. Er hielt nichts vom schriftstellerischen Talent des Sohnes, der allgemein beachtete Reiseberichte veröffentlichte[169], und lehnte seine wissenschaftlichen Ambitionen ab[170]. Vor allem aber ignorierte der Kaiser Rudolfs Willen zur politischen Gestaltung und schloss ihn von allen die Staatsgeschäfte betreffenden Informationen aus.

1881 fand der Kronprinz in Moriz Szeps, dem Chefredakteur des liberalen «Neuen Wiener Tageblatts», einen wichtigen Informanten und journalistischen Partner. Rudolf hielt seine Kritik an der klerikal-feudalistischen Politik Taaffes nicht nur in seiner ersten geheimen politischen Denkschrift[171] fest, sondern publizierte auch anonyme Artikel. Anhand erhalten gebliebener Originalmanuskripte konnte der Kronprinz nach seinem Tod eindeutig als Autor politischer Beiträge identifiziert werden.[172]

ÖSTERREICH'S KAISERFAMILIE.

Die kaiserliche Familie. Fotomontage von 1888. In der Mitte unten Elisabeth, genannt «Erzsi», die einzige Tochter des Kronprinzen Rudolf

Elisabeth wusste nichts von der journalistischen Tätigkeit des Sohnes. Sie konzentrierte sich allein auf die Tochter Marie Valerie, obwohl immer offensichtlicher wurde, dass diese katholisch-klerikal dachte und deutschnationalen Ideen verpflichtet war. Den Sohn weihte sie in ihre schriftstellerische Arbeit nicht ein. So warf Rudolf ihr politisches Desinteresse vor[173], kannte er doch ihre Gedichte nicht, in denen sie etwa Außenminister Graf Gustav Kálnoky als *Es'lein* beschimpfte.[174]

Der österreichische Kronprinz hoffte auf eine liberale Zukunft Europas – mit dem deutschen Kronprinzen Friedrich und dem englischen Thronfolger Edward war er sich in politischen Fragen einig. Nachdem er sich Mitte der achtziger Jahre im Geheimen mit den ungarischen Liberalen solidarisiert hatte, was später zu Verschwörungstheorien Anlass geben sollte, suchte Rudolf schließlich in der heftigen Kritik an Franz Josephs Außenpolitik eine Profilierungsmöglichkeit. 1886 plädierte er zunächst in seiner zweiten streng geheim gehaltenen politischen Denkschrift für eine aktive österreichische Balkanpolitik und kritisierte die Abhängigkeit von Deutschland.[175] Im April 1888 forderte er schließlich in einem unter dem Pseudonym Julius Felix publizierten «Offenen Brief an S. M. Kaiser Franz Joseph», Österreichs Bündnis mit Deutschland nicht mehr zu erneuern und zur Lösung des Streits mit Zar Alexander III. Bosnien und Herzegowina aufzugeben.[176]

Rudolf war zu diesem Zeitpunkt freilich schon physisch wie psychisch geschwächt. Seit Frühjahr 1886 litt er an einer damals unheilbaren Geschlechtskrankheit, deren Symptome mit Quecksilberkuren und Morphium bekämpft wurden. Aus Angst vor seinem Vater übernahm er aber weiter anstrengende Repräsentationsaufgaben und militärische Inspektionsreisen. Gleichzeitig verstrickte ihn Stephanie in einen Ehekrieg. Der Kronprinz hatte sich auch nach der Geburt der Tochter Elisabeth 1883 um eine gute Beziehung zu seiner nicht geliebten Frau bemüht. Neben zahlreichen amourösen Affären dürfte er sich aber Mitte der achtziger Jahre ernstlich verliebt haben. Stephanie reagierte mit extremer Eifersucht und kompromittierte ihren Mann öffentlich, was Rudolf tief verletzte.

1888 zerplatzte der Traum von einem liberalen Europa. Nach nur 99 Tagen Regentschaft starb der deutsche Kaiser Friedrich III., ihm folgte Wilhelm II., der ebenso konservative wie impulsive neunundzwanzigjährige Enkel Wilhelms I. Rudolf suchte den offenen Konflikt mit dem Gleichaltrigen. Mit seinen Vorstößen provozierte er schließlich einen Pressekrieg über den Wert des Bündnisses zwischen Deutschland und Österreich. Zugleich kam es zu heftigen antisemitischen Angriffen auf Szeps und den Kronprinzen. Rudolf wurde weniger durch die Attacke der Deutschnationalen desillusioniert als durch die Erkenntnis, dass mit der Formierung neuer politischer Massenbewegungen seine liberalen Ideen an Einfluss verloren: Er wurde sowohl von den stärker werdenden kleinbürgerlichen christlich-sozialen Gruppen als auch von den Sozialisten abgelehnt. An die Zukunft der Donaumonarchie glaubte er nicht mehr.

Mitte 1888 gestand sich der gerade dreißigjährige Rudolf ein, dass er wegen seiner Krankheit wohl keinen männlichen Erben zeugen und auch nie als österreichischer Kaiser Politik gestalten würde. Tief depressiv verfiel er bereits im Sommer in eine Art Selbstmordmanie. Zu Weihnachten suchte er Kontakt zu Elisabeth. Er schenkte ihr Heine-Autographe und fiel der Mutter auf die Bitte, nach ihrem und Franz Josephs Tod gut für Marie Valerie zu sorgen, «um den Hals und brach in ein langes, nicht zu stillendes Schluchzen aus». Die Eltern waren zwar «tief erschreckt» von diesem psychischen Zusammenbruch, forschten aber nicht weiter nach.[177]

Als sich an der Jahreswende 1888/89 die Verlängerung des Bündnisses zwischen Deutschland und Österreich-Ungarn abzeichnete, fand Rudolf in der siebzehnjährigen Verehrerin Mary Vetsera eine Partnerin für den Todespakt. Wie er später seiner Mutter im Abschiedsbrief schrieb, wählte er keineswegs aus Liebe, sondern «nur aus Furcht vor dem grausigen Unbekannten das Mädchen als Begleiterin»[178]. Die Geschehnisse in den letzten Januartagen 1889 konnten bis heute nicht genau rekonstruiert werden. So müssen neben den vier Jahrzehnte später veröffentlichten kurzen Erinnerungen von Rudolfs

Diener Johann Loschek die Rechtfertigungsschrift von Marys Mutter Helene Vetsera sowie die Memoiren Marie Larischs herangezogen werden.[179]

Nach einem Streitgespräch mit Franz Joseph am 26. Januar suchte Rudolf zwar noch, das Verhältnis mit der angeblich schwangeren Mary zu beenden, entschied sich aber einen Tag später für den Doppelselbstmord und verlegte die Jagd im Schlösschen Mayerling, 25 Kilometer südwestlich von Wien, auf den 29. und 30. vor. Da die Affäre mit der jungen Baronesse Vetsera

Kronprinz Rudolf.
Foto von 1888

bereits im November aufgeflogen war und diese seitdem streng von der Mutter überwacht wurde, bat er Marie Larisch um Vermittlerdienste. Elisabeths Nichte war dem Kronprinzen verpflichtet, weil er schon mehrfach Schulden für sie bezahlt hatte. Außerdem war Marie durch die Geheimniskrämerei der Kaiserin an Spezialaufträge gewöhnt. So übergab Rudolf ihr auch eine Schachtel mit Dokumenten, die nach seinem Tod von einem Vertrauten abgeholt wurde.[180] Marie Larisch brachte Mary Vetsera am 28. für eine kurze Unterredung in die Hofburg. Als Rudolf ihr mitteilte, dass das Mädchen auf seinen Wunsch weggebracht worden sei, fühlte Marie sich missbraucht und informierte die Polizei. Der Kronprinz verbrachte den folgenden Tag gemeinsam mit Mary in Mayerling. Am 30. kurz nach 6 Uhr morgens erschoss er zuerst die Geliebte und dann sich selbst. Der zur Jagd geladene Graf Joseph Hoyos brachte die Nachricht nach Wien, sprach aber zunächst davon, dass Mary Vetsera sich und Rudolf vergiftet habe.

Elisabeth bewies, wie Ida Ferenczy und Marie Valerie dokumentierten, angesichts dieses Schicksalsschlags Disziplin und Mitgefühl.[181] Von ihrem Obersthofmeister als Erste informiert, sprach die Kaiserin mit Franz Joseph, ihrer Lieblingstochter und Marys Mutter. Marie Valerie dachte zwar sofort an Selbstmord[182], die kaiserliche Familie wurde aber erst am 31. Januar vom Leibarzt Widerhofer mit den Umständen dieses Doppelselbstmords konfrontiert. Neben Rudolfs Abschiedsbriefen wurde auch die Marie Larischs Vermittlerrolle entlarvende Korrespondenz gefunden. Die Folgen waren schwere Differenzen mit den bayerischen Verwandten, Elisabeth verweigerte fortan ihrer Nichte jeden Kontakt.

Schließlich wurde auch offiziell Rudolfs Selbstmord eingestanden, die Existenz einer zweiten Leiche wurde freilich bis 1918 geleugnet. Als am 1. Februar 1889 die Autopsie «Unnormitäten» in Rudolfs Gehirn ergab, reagierte Franz Joseph erleichtert. Er sah sowohl die Schuld des Sohnes als auch die eigene Schande relativiert. Elisabeth, die bis zu diesem Zeitpunkt Stärke bewiesen hatte, wurde von der These tief getroffen: «Mama aber sieht darin nur Prädestination und sagt, sie werde härter durch den Schmerz.»[183] Wie Marie Valerie blieb sie dem Begräbnis am 5. Februar fern. Am Abend des 9. ging Elisabeth allein in die Kapuzinergruft und versuchte am Sarg des Sohnes, spiritistischen Kontakt mit ihm aufzunehmen. Um sie etwas zu beruhigen, fuhr die kaiserliche Familie zwei Tage später nach Budapest.

Franz Joseph bewältigte den Schicksalsschlag in Gesprächen mit Katharina Schratt und in disziplinierter Arbeit. Elisabeths psychischer Zustand verschlechterte sich aber. Dass nun Franz Ferdinand, der älteste Sohn des Schwagers Karl Ludwig, die Thronfolge antreten würde, kam in ihren Augen dem Triumph ihrer Feinde gleich. Am 30. April schrieb Marie Valerie in ihr Tagebuch: «Mama wird wohl nie mehr, die sie ehemals war; sie neidet Rudolf den Tod und ersehnt ihn Tag und Nacht.»[184]

Elisabeth flüchtete in ein unstetes Wanderleben – sie reiste 1889 nach Wiesbaden, Bayern, Ischl, Gastein, Campiglio, Meran, Korfu, Tunesien und Malta. Obwohl sie sich auf ihr

Franz Joseph I.
Gemälde von
Julius von Blaas,
1898

Griechischstudium konzentrierte und in spiritistischen Kontakten Beruhigung fand, nahmen ihre Depressionen zu. War die immer sensibler reagierende Kaiserin, was selten vorkam, mit Franz Joseph zusammen, verstrickte sie sich in Reibereien. Schon gegen Ende des Trauerjahrs verschenkte sie «all ihre farbigen Sachen» sowie allen Schmuck an Marie Valerie und Gisela.[185] Mit wenigen Ausnahmen sollte sie bis an ihr Lebensende nur mehr schlichte schwarze Trauerkleidung tragen. Ebenso verbat sie sich Geburtstags- und Namenstagswünsche und nahm nur mehr in Ausnahmefällen an offiziellen Ereignissen teil. Dieser Rückzug ließ Gerüchte um ihren Geisteszustand blühen.

Obwohl Elisabeth nach Rudolfs Selbstmord auch den Tod ihres «letzte[n] einzige[n] Freund[es]»[186] Gyula Andrássy und den Tod der Schwester Helene betrauerte, dürfte für sie erst Marie Valeries Hochzeit am 31. Juli 1890 in Bad Ischl den Anfang eines neuen Lebensabschnitts markiert haben.

MATER DOLOROSA

Laut Marie Larisch notierte Elisabeth schon Ende der achtziger Jahre: «*Es gibt nichts ‹Grauslicheres›, als so nach und nach zur Mumie zu werden und nicht Abschied nehmen zu wollen vom Jungsein. Wenn man dann als geschminkte Larve herumlaufen muß – Pfui! Vielleicht werde ich später immer verschleiert gehen, und nicht einmal meine nächste Umgebung soll mein Gesicht mehr erblicken.*»[187] «Das Altern» Elisabeths unterlag «dem Tabu».[188] Die Kaiserin verbarg sich so konsequent hinter schwarzen Fächern und weißen Schirmen, dass diese, wie Constantin Christomanos bemerkte, «fast zu Bestandteilen ihrer körperlichen Erscheinung» wurden.[189] Als einstmals schönste Frau Europas provozierte sie zwar die Neugier vieler. Sie schottete sich aber so geschickt von der Außenwelt ab, dass nicht nur keine Fotos überliefert sind, auf denen man ihr Gesicht erkennen könnte, sondern auch nur wenige realistische Beschreibungen. Alfons Clary-Aldringen traf als Bub auf einem einsamen Spaziergang am Genfer See die Kaiserin: Konfrontiert mit einem Kind, zückte diese nicht den Fächer, sondern zeigte ihm ihr «mir uralt vorkommendes Gesicht voller Runzeln» und ein freundliches Lächeln.[190]

Elisabeth litt unter im Laufe der neunziger Jahre immer häufiger auftretenden schweren Depressionen. Sie vermied nicht nur Kontakte zu fremden Menschen, sondern auch zu ihrer Familie. Aus Angst, sich wie ihre Schwiegermutter zu viel einzumischen, ging sie sogar zur Lieblingstochter auf Distanz. Ihre seltenen und kurzen Besuche bei Marie Valerie und den immer zahlreicher werdenden Enkeln in Lichtenegg und Wallsee gestalteten sich schwierig: «Oft wissen wir kaum, was wir zusammen reden sollen.»[191] Schließlich beklagte auch die Tochter, dass Elisabeths «Lebensweise überhaupt immer weniger mit der anderer Menschen vereinigt werden kann»[192].

Bei den seltenen offiziellen Auftritten fiel nicht nur die Trauerkleidung, sondern auch die reflexartige Reaktionsweise der Kaiserin auf. Der ungarische Schriftsteller Kálmán Mikszáth beschrieb etwa die Tausendjahrfeier Ungarns 1896: «Dort sitzt sie im Thronsaal der königlichen Burg in ihrem schwarzen mit Spitzen durchwirkten ungarischen Gewand. Alles, alles an ihr ist düster. Von dem dunklen Haar wallt ein schwarzer Schleier herab. Haarnadeln schwarz, Perlen schwarz, alles schwarz, nur für das Antlitz marmorweiß und unsagbar traurig ... Eine Mater dolorosa.»[193]

Elisabeth dürfte sich als trauernde Mutter präsentiert haben, weil das allgemein akzeptiert wurde. Auch der Rückzug aus der Öffentlichkeit und die Verweigerung aller Pflichten wie das unstete Reisen ließen sich so besser motivieren. Hatte sie sich als Schönheit quasi selbst geschaffen, so war die Rolle der Mater dolorosa wohl keine bewusste Selbstinszenierung: Wahrscheinlich wollte oder konnte Elisabeth nicht erkennen, dass sie unter einer psychischen Krankheit litt.

Elisabeth
auf einer
Schiffsreise

121

Wie früher suchte sie während depressiver Phasen Erleichterung in Hungerkuren. War sie als junge Frau nur zeitweise magersüchtig gewesen, so prägte die Magersucht ihre letzten Lebensjahre. Anfang 1895 beklagte die Kammerdienerin Marianne Meissl: «Ihre Majestät wird ja nicht stärker, nur ist Ihre Majestät leider so aufgetrieben [...].»[194] Ursache und Wirkung verwechselnd, sah Elisabeth 1896 in den Schwellungen und dem vermeintlich zu hohen Gewicht von 46,6 Kilogramm den Grund für ihre traurige, verzweifelte Stimmung und quälte sich mit Dampfbädern, Schwitzkuren und Kaltwasser-Vollbädern.[195] Ende Februar 1897 diagnostizierte der kaiserliche Leibarzt Anämie und Herzschwäche.[196]

Übernervös und gequält von Rheuma absolvierte Elisabeth in ihren letzten Lebensjahren Kuraufenthalte in Karlsbad, Gastein, Aix-les-Bains, Langenschwalbach, San Remo und Bad Kissingen. Sie konsultierte zahlreiche Mediziner, hielt sich aber nie an deren Vorschriften. Victor Eisenmenger, der Leibarzt von Erzherzog Franz Ferdinand, lernte sie etwa im April 1897 in Territet am Genfer See kennen: «Ich wurde zur Kaiserin gerufen. Sie klagte darüber, daß sie trotz der aufs äußerste eingeschränkten Nahrungsaufnahme – sie aß nur mehr sechs Orangen täglich – an Gewicht zunehme. Nur schwer ließ sie sich zu einer Untersuchung bewegen. Ich fand bei der sonst gesunden Frau ziemlich starke Hautanschwellungen, besonders an den Knöcheln. [...] Hungerödem! Ich erklärte ihr, daß die Gewichtszunahme auf Wasseransammlung in den Geweben infolge von Unterernährung beruhe und darum um so stärker sei je weniger sie esse. Sie lehnte trotzdem alle meine Diätvorschläge ab, und ich mußte mit der Konzession zufrieden sein, daß sie ein paar Gläser Schafmilch im Tag trinken wolle.» Elisabeth ließ eine Herde, die sie während eines Spaziergangs entdeckt hatte, täglich nach Territet treiben. Die so organisierte frische Schafmilch war ein teurer Spaß, wirkte aber in ihrem Sinn: «Beim Abschied ließ mir die Kaiserin sagen, daß es ihr besser gehe, sie habe an Gewicht abgenommen.»[197]

Elisabeth lebte zeitweise nur von Milch. In ihrem Auftrag richtete Ida Ferenczy 1893 im Schönbrunner Schlosspark eine

Elisabeth und Franz Joseph im Frühjahr 1898
in Bad Kissingen. Schnappschuss

eigene Meierei ein, das so genannte Schweizerhaus. Die Kaiserin kaufte auf ihren Reisen Kühe und Ziegen verschiedener Rassen, die sie nach Wien schickte. War sie in der Hofburg, in Schönbrunn oder in Lainz, dann bestimmte sie, wann sie von welchem Tier wie viel frisch gemolkene, rohe Milch erhalten wollte. Auf die Schiffsreisen in den Süden mussten jeweils zwei Kühe und eine Ziege mitgenommen werden.

Elisabeth hungerte freilich nicht immer, sondern hatte, wie die Hofdame Irma Sztáray berichtet, eine «launenhafte Ernährungsweise», «denn es kam nicht selten vor, daß sie, wenn es ihr paßte, ein ganzes Diner mit gutem Appetit verspeiste.»[198] So beschäftigte sie auch mit Therese Teufl eine eigene Hofköchin.[199] Ließen es die Gelenksbeschwerden zu, machte Elisabeth wie früher Gymnastik und unternahm lange, anstrengende Wanderungen.

> Eine Handvoll Veilchenblüten wird im Mörser zerstoßen. Dazu werden etwas warmes Wasser und 125 Gramm Zucker gegeben. Nach einer Stunde kommt die Masse ins Gefrierfach, um dann serviert zu werden.
> **Rezept zu Elisabeths Lieblingsspeise «Veilchen-Eis»**

KORFU UND ANDERE REISEZIELE

«Durch die ganze Welt will ich ziehen, Ahasver soll ein Stubenhocker gegen mich sein. Ich will zu Schiff die Meere durchkreuzen, ein weiblicher ‹fliegender Holländer›, bis ich einmal versunken und verschwunden sein werde.»[200] Elisabeth nahm den ohne Hoffnung auf Heimkehr durch die Welt irrenden «ewigen Juden» genauso wie Odysseus oder den Titelhelden aus Richard Wagners Oper für ihr Reisefieber in Anspruch. Sie machte, ihrem gegenüber Marie Larisch geäußerten Vorsatz folgend, neben den üblichen Fahrten nach Ungarn, Bayern, Ischl und in verschiedene Kurorte zwischen 1890 und Anfang 1895 jährlich eine Seereise in den Süden. Sie fuhr mit den kaiserlichen Yachten «Greif» und «Miramar» nach Spanien, Gibraltar und auf die Balearen, erkundete Algerien und Kairo, besuchte Städte in Süd- und Mittelitalien, reiste aber auch nach Korsika und Athen. 1894 verlebte sie dreiunddreißig Jahre nach ihrer Flucht aus Wien noch einmal einige Wochen auf Madeira. War sie zunächst nur im Herbst oder Frühjahr unterwegs gewesen, reiste sie ab 1892 immer im Winter und verbrachte Weihnachten, ihren Geburtstag und Rudolfs Todestag fern von ihrer Familie.

Elisabeth liebte Kurioses und Außergewöhnliches, suchte Ziele jenseits üblicher touristischer Interessen und ging gern in gewöhnliche Kaffeehäuser und Wirtschaften. Ohne Rücksicht auf ihre Begleiter wanderte sie bei jedem Wetter stundenlang herum. Mit ihrer Angewohnheit, in fremde Häuser einzudringen, ohne ein Wort zu sagen oder ihr Verhalten zu erklären, provozierte sie immer wieder Ärger. Auch überraschte sie öfter andere europäische Herrscherhäuser mit unangemeldeten Besuchen.

Elisabeth reiste nicht nach Plan, ihr nächstes Ziel bestimmte sie jeweils impulsiv. In der rastlosen Bewegung suchte sie ihre Depressionen zu bekämpfen. *«Ich entdecke mich jedesmal neu, wenn ich in eine andere Atmosphäre gelange, die noch niemand eingeatmet und verbraucht hat»*, erklärte sie Constantin Christomanos.[201] So liebte sie zum Entsetzen der sie begleitenden Damen raue Seefahrten und Stürme. 1890 bei einer Überfahrt über den Ärmelkanal ließ Elisabeth sich an den Mast binden, um «von den überschäumenden Wellen völlig durchnäßt, begeistert dem entfesselten Elemente» zusehen zu können.[202] Hatten sie früher die Gefahren der Parforcejagd beglückt, so waren es in ihren letzten Lebensjahren die elementaren Naturgewalten.

Franz Joseph versuchte in Kontakt zur unstet herumreisenden Elisabeth zu bleiben. In regelmäßigen Briefen berichtete er ihr von sich und Familienangelegenheiten. Er wusste freilich oft nicht, wo sich seine Frau aufhielt. Meistens erhielt er von ihrer Gefolgschaft Auskünfte über weitere Reiseziele oder die geplante Rückkunft. Oft erfuhr er auch nur von Obersthofmeister Nopcsa, dessen Stellvertreter Berzewiczy, von Marie Festetics oder einer anderen Hofdame, wie es Elisabeth ging. Denn sie selbst schrieb nur selten und unregelmäßig an Franz Joseph oder ihre Töchter. Oft spannte sie auch die aus Krankheitsgründen in Wien zurückgebliebene Ida Ferenczy zur Nachrichtenübermittlung ein. Franz Joseph hielt 1893 in einem Brief fest: «Ich werde täglich durch Ida an Gräfin Festetics telegraphieren lassen, um Dein Incognito zu respectiren»[203] – Elisabeth reiste immer als Gräfin von Hohenembs. Der Kaiser akzeptierte zwar notgedrungen die langen Reisen seiner Frau, in späteren Jahren zeigte er sich aber nicht mehr nur besorgt, sondern manchmal auch entnervt. Am 17. Dezember 1897 schrieb er etwa, da er seine Frau eigentlich am Golf von Biskaya vermutete: «Die erste frappante Nachricht bekam ich durch die Meldung des Kapitäns Sachs aus Gibraltar, daß die Miramar über Allerhöchsten Befehl dort zu bleiben habe, bald darauf erfuhr ich zu meinem Erstaunen durch den unterirdischen Hoftratsch, daß Du nach Paris reisen würdest. Auf die Meldung der Miramar ließ ich an Berzeviczy um Aufklärung telegraphiren und erhielt die Antwort, daß es sich um eine Massagekur in Paris handle.»[204]

Schon im Dezember 1888 hatte Elisabeth ihrer Tochter Marie Valerie «von ihrem geliebten herrlichen Griechenland» als ihrer «Zukunftsheimat» gesprochen.[205] In den folgenden Jahren ließ sie bei Gasturi auf Korfu nach ihren Ideen eine Villa errichten. Das dem pompejanischen Stil nachempfundene, phantasievoll und aufwendig ausgestattete «Achilleion» verfügte über jeglichen modernen Komfort: Neben neapolitanischen Möbeln, Statuen nach antiken Vorbildern, Büsten von Dichtern wie Homer, Shakespeare oder Byron gab es auch elektrisches Licht und luxuriöse Badezimmer. Mit der Plastik des «Sterbenden Achill» setzte Elisabeth dem mythischen Helden ein auch ihre Todessehnsucht widerspiegelndes Denkmal. Um die den alten, kranken Heinrich Heine darstellende Skulptur von Louis Hasselriis ließ sie einen eigenen Tempel errichten. Als das «Achilleion» 1893 fertig gestellt war, verlor sie jedoch das Interesse und dachte daran, die Villa zu verkaufen.

Konsequenter war Elisabeth im Studium der griechischen Sprache. Zur täglichen Konversation engagierte sie griechische Studenten, die sie auch auf ihren Reisen wie den täglichen strapaziösen Wanderungen begleiten mussten. Unter der Aufsicht von Rhoussos Rhoussopolous, Constantin Christomanos oder Frederic Barker übersetzte sie etwa Shakespeare oder Schopenhauer ins Neugriechische.

Abgesehen von zwei weiteren Reisen nach Korfu wählte Elisabeth ab 1895 öfter Ziele, die sie mit der Bahn erreichen konnte. Ihr Extrazug konnte das weit ausgebaute europäische Schienennetz nutzen. Die Winter verbrachte sie gern an der

französischen Riviera, mit Vorliebe in Cap Martin, wo Franz Joseph sie auch öfter besuchte. 1897 und 1898 entdeckte sie Biarritz für sich. Neben Aufenthalten in verschiedenen Kurorten, neben Besuchen in Bayern, die nach dem plötzlichen Tod der Mutter Anfang 1892 seltener wurden, reiste sie im Sommer nach Ischl und im Herbst 1897 nach Südtirol. Besonders gern hielt sich Elisabeth aber in der Schweiz auf. Nach Besuchen in Zürich, Luzern und Interlaken fuhr sie 1893, 1897 und 1898 an den Genfer See.

Elisabeth sah in der Republik die Staatsform der Zukunft und überlegte in ihren letzten Lebensjahren, in die Schweiz zu emigrieren. Dass die Eidgenossenschaft seit Mitte des 19. Jahrhunderts zum Schauplatz internationaler Diplomatie, aber auch zum Zufluchtsort vieler in anderen europäischen Ländern verfolgter Oppositioneller geworden war, kümmerte sie nicht. Überhaupt beschäftigte sie sich nicht mehr mit Politik: Sie ignorierte die blutigen Nationalitätenkämpfe 1897/98 in Österreich-Ungarn und die große soziale Not in ihrer Heimat. Auch für das konkrete politische System der Schweiz interessierte sie sich nicht wirklich. Elisabeths Faible für die Eidgenossenschaft war Ausdruck ihres subjektiven Freiheitsdrangs: Bei aller Sympathie für die republikanische Verfassung hätte sie sich übrigens die Beseitigung ihrer Majestätsprivilegien streng verboten.

DAS ATTENTAT

Ende 1897 verzichtete Elisabeth nach Bitten ihres Mannes, wegen der innenpolitischen Probleme doch in besser erreichbaren Regionen zu bleiben, auf eine Fahrt auf die Kanarischen Inseln. Bis Anfang Juni war sie in San Remo, Territet, Bad Kissingen und Bad Brückenau.

Anfang 1898 sah sich Franz Joseph mit einer Erpressung konfrontiert. Elisabeths Nichte Marie Larisch drohte, ihr schon gedrucktes Erinnerungsbuch öffentlich zu machen. Seit Mayerling vom Wiener Hof verstoßen, wollte sie nicht nur ihre Version zum Doppelselbstmord publizieren, sondern auch die Kaiserin mit indiskreten Enthüllungen bloßstellen. Ohne dass Elisabeth überhaupt davon erfuhr, stellte Franz Joseph die Erpresserin über Mittelsmänner finanziell zufrieden: Das Manuskript und die Bücher wurden vernichtet. Marie Larisch sollte freilich noch bis 1913 vom Kaiserhaus große Geldsummen erpressen.

Im Mai 1898 besuchte Marie Valerie ihre Mutter in Bad Kissingen. Erfreut hielt sie im Tagebuch fest, dass die Beziehung wieder etwas vertrauter geworden sei, beklagte aber: «[...] die tiefe Traurigkeit, die Mama früher doch nur zeitweilig umfing, verlässt sie jetzt nie mehr. [...] Die beiden Worte: Hoffen und sich freuen hat Mama für immer aus ihrem Leben gestrichen, sagt sie. Ihre physische Kraft war eben ihre grösste Freude – und diese Kraft hat sie verlassen.»[206] Während eines kurzen Wiedersehens im Juni in Lainz notierte Marie Valerie: «Heute sagte Mama wieder, sie ersehne oft den Tod.»[207]

Nach knappen vier Wochen in Wien und Bad Ischl ging Elisabeth Ende Juli nach Bad Nauheim. Nachdem die Kur weder ihre körperlichen Beschwerden gelindert noch ihre Stimmung gebessert hatte, entschied sie sich Ende August für eine Reise an den geliebten Genfer See. Vom Grand Hôtel de Caux nahe Montreux aus machte sie Ausflüge. Am 9. September folgte Elisabeth der Einladung von Baronin Julie Rothschild nach Pregny nahe Genf und verbrachte bei ihr einen heiteren Tag, aß sogar ausgiebig und trank Champagner. Gemeinsam mit ihrem kleinen Gefolge übernachtete die Kaiserin im Hôtel Beau Rivage in Genf. Obwohl sie wie üblich unter dem Pseudonym Gräfin von Hohenembs reiste, wurde sie erkannt. Am

Elisabeth und Irma Sztáray in der Schweiz, September 1898. Schnappschuss

nächsten Tag meldete eine Genfer Zeitung, in welchem Hotel Kaiserin Elisabeth abgestiegen sei. Der genaue Hinweis war ihr Todesurteil. Die von der Schweizer Polizei dringend empfohlene Überwachung hatte sie wie immer abgelehnt.

Luigi Lucheni war als unehelicher Sohn einer italienischen Tagelöhnerin 1873 in Paris zur Welt gekommen und im Findelhaus, aber auch bei Pflegefamilien aufgewachsen. Er hatte beim italienischen Militär gedient und als Gelegenheitsarbeiter Europa kennen gelernt. Erst in der Schweiz war er mit dem internationalen Anarchismus in Kontakt gekommen. Lucheni wollte als Königsmörder Aufsehen erregen und bereitete sich auf seine Tat gut vor: Er kaufte eine Feile und schliff sie dreieckig scharf zu, in einem anatomischen Atlas informierte er sich über die Lage des Herzens. Nach eigenen Aussagen wollte er eigentlich König Umberto ermorden. Da ihm aber das Geld für die Rückfahrt nach Italien fehlte, suchte er sich in der Schweiz ein Opfer. Als der französische Thronprätendent Prinz Henri von Orléans nicht anreiste, entschied er sich am

Der Erkennungsbogen des Attentäters Lucheni

10. September, informiert durch die Zeitung, spontan für Elisabeth: Sie war eine prominente Aristokratin, ihr Tod würde jedenfalls großes Aufsehen erregen.

Nachdem Elisabeth am Vormittag eine Musikwalze und Platten für ihre Enkel gekauft und Eis in einer Konditorei gegessen hatte, verließ sie nach 13 Uhr gemeinsam mit der Hofdame Irma Sztáray das Hotel, um mit dem Linienschiff zurück nach Montreux zu fahren. Lucheni passte sie auf dem Fußweg zur Bootsanlegestelle ab und stach zu. Elisabeth stürzte, stand aber gleich wieder auf und ging an Bord, wo sie freilich erneut zusammenbrach. Als Irma Sztáray ihr das Mieder öffnete, sah sie den kleinen Einstich unterhalb der Brust. Elisabeth fragte noch irritiert: «*Was ist denn jetzt mit mir geschehen?*»[208] und verlor das Bewusstsein. Das Schiff kehrte um, die Kaiserin wurde ins Hôtel Beau Rivage gebracht. Dort erlag sie um 14 Uhr 40 ihren Verletzungen.

Das Aufsehen erregende Gewaltverbrechen traf eine körperlich schwache, lebensüberdrüssige und schwer depressive Frau, die sich einen überraschenden, schmerzlosen Tod gewünscht hatte. Für die Familie war die Nachricht freilich ein Schock. Obwohl die allgemeine Trauer in Wien nicht sehr groß war, ließ Franz Joseph am 16. September 1898 die Danksagung «An meine Völker!» veröffentlichen: «Mitten in dem gren-

> Keine Thränen wird man weinen,
> Wird nicht seufzen, wird nicht klagen;
> Fröhlich wird die Sonne scheinen
> Auch an meinen Sterbetagen.
>
> Elisabeth

zenlosen Schmerze, der Mich und Mein Haus erfaßt, angesichts der unerhörten Tat, welche die ganze gesittete Welt in Schaudern versetzt, dringt zunächst die Stimme Meiner geliebten Völker lindernd zu meinem Herzen.» Das ihm entgegengebrachte Mitgefühl interpretierte er im Sinne des Reichspatriotismus: «Die Gemeinsamkeit unseres Schmerzes schlingt ein neues, inniges Band um Thron und Vaterland.»[209] Elisabeth wurde am 17. September nach dem habsburgischen Bestattungsritual beigesetzt: Ihr Herz kam in die Herzgruft, ihr Körper wurde in der Kapuzinergruft einbalsamiert, und ihre Eingeweide wurden im Stephansdom begraben.

Wie schon nach Rudolfs Tod 1889 bewältigte Franz Joseph seine tief empfundene Trauer in disziplinierter Arbeit und in Gesprächen mit Katharina Schratt. Marie Valerie wurde von ihrer eigenen Familie gefordert, empfand jedoch das seltene Zusammensein mit dem Vater immer mehr als Bürde: «dies entsetzliche Hofleben, das Papa die Fähigkeit künstlich geraubt hat, einfachen, ungezwungenen Verkehr zu geniessen»[210]. Das allgemein große Interesse am Attentat wurde durch detailreiche Dokumentationen und Kolportagetexte befriedigt.[211]

Ida Ferenczy, die wie alle anderen Vertrauten der Kaiserin nach deren Tod am Wiener Hof geächtet wurde, sorgte dafür, dass nur ausgewählte Stücke des privaten Nachlasses erhalten blieben: Sie dürfte zahlreiche Briefe und Aufzeichnungen vernichtet haben. Elisabeths beste Freundin wahrte bis zu ihrem Tod eiserne Verschwiegenheit und unterstützte nur Marie Valerie bei dem (nie verwirklichten) Plan, eine Biographie ihrer Mutter zu schreiben.[212]

Elisabeth (rechts) und Ida Ferenczy. Foto, 1891

Bildnis der Kaiserin, 1899. Eines der vielen nach Aufnahmen
aus den sechziger Jahren retuschierten Fotos

Als die finanziellen Angelegenheiten der Kaiserin geregelt
wurden, stellte sich zur allgemeinen Überraschung heraus,
dass sie ein riesiges Vermögen hinterließ: Elisabeth hatte jene
zwei Millionen Gulden, die ihr Franz Joseph 1875 aus Ferdinands Erbe zur persönlichen Verfügung übergeben hatte, geschickt und Gewinn bringend angelegt.

Luigi Lucheni genoss seinen Auftritt bei Gericht. Er wurde
am 12. November 1898 verurteilt. Bis 1909 verzeichnete das
Strafgefängnis Évêché seine tadellose Führung. Er nützte die
Zeit, um sich weiterzubilden, und schrieb ab 1907 an autobio-

graphischen Aufzeichnungen. Erst als die Hefte mit seinen «Mémoires de l'assasin de Sissi. Histoire d'un enfant abandonné à la fin du XIX siècle» verschwanden, rebellierte er. Wegen seines anhaltenden Protests wurde er oft in die Dunkelzelle gesperrt, wo er sich im Oktober 1910 erhängte. Die «Geschichte eines verstoßenen Kindes» tauchte Jahrzehnte später im Nachlass eines Gefängniswärters auf und wurde 1998 im französischen Original und in deutscher Übersetzung publiziert.[213] Trotz der vor Gericht bestätigten Einzeltäter-These gab es Gerüchte, dass Elisabeth im Auftrag des italienischen Königshauses oder auf Veranlassung einer österreichischen Oppositionsgruppe ermordet worden sei, die Franz Joseph zum Rücktritt bewegen wollte. Beide Thesen gelten heute als wenig wahrscheinlich.

Das Attentat machte Elisabeth endgültig zum Mythos. War ihr Altern schon davor tabu gewesen, so verewigte der Mord die legendäre Schönheit der Kaiserin. Die echte Totenmaske, die Elisabeths altes, eingefallenes Gesicht zeigte, ist nur durch ein Foto überliefert. Vielfach verbreitet wurden freilich eine idealisierte Totenmaske sowie eine Gedenkpostkarte mit einer nach Aufnahmen aus den sechziger Jahren retuschierten Fotografie.

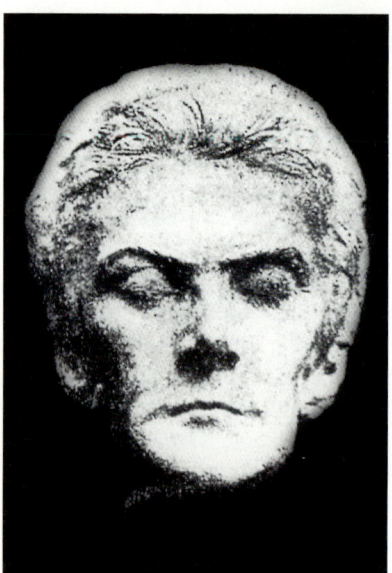

Die Totenmaske Elisabeths, die nur durch ein Foto überliefert ist

An die Zukunfts-Seelen

Schon zu Weihnachten 1898 brachte Constantin Christomanos seine «Tagebuchblätter» heraus. Elisabeths griechischer Vorleser redigierte die authentischen Aussagen der Kaiserin mit einem ausgeprägten Sinn für Aphorismen. Als Schopenhauer-Anhänger charakterisierte er seine Arbeitgeberin als exzentrische Melancholikerin. Indem Christomanos Elisabeth zum «Sprachrohr einer zutiefst pessimistischen Weltdeutung»[214] stilisierte, machte er sie nicht nur für Hermann Bahr oder Gabriele d'Annunzio zur Kultfigur der Décadence.[215] Der Schriftsteller Maurice Barrès, der mit seinem «Culte de moi» bis 1920 die intellektuelle Diskussion in Frankreich dominierte, setzte sich für die französische Übersetzung von Christomanos' «Tagebuchblättern» ein: Für ihn war Elisabeth d i e Repräsentantin seines ästhetisch ausgerichteten, stilisierenden Ich-Kults. Die österreichische Kaiserin repräsentierte darüber hinaus für das dekadente Fin de Siècle den «Inbegriff[e] erbarmungsloser und unerreichbarer Schönheit», um den «die masochistischen (Männer-)Phantasien der Jahrhundertwende» kreisten.[216]

Nach ihrem gewaltsamen Tod war auch außerhalb der Künstler- und Intellektuellen-Zirkel das Interesse an Elisabeths Biographie groß. Waren zumindest bis 1918 der innerhalb der Donaumonarchie publizierten postumen Verklärung enge Grenzen gesetzt, so nahmen sich nichtösterreichische Autoren mehr literarische und spekulative Freiheit. In England erschienen 1899 zwei romanhafte Darstellungen des Lebens von Elisabeth. Sowohl Edward Morgan Alborough als auch Mary Cuncliffe Owen beanspruchten zwar Authentizität, für die bizarren Informationen über die Extravaganzen der österreichischen Kaiserin standen sie aber nicht mit ihren Namen ein: «Elizabeth. Empress of Austria. A Memoir» kam unter dem Pseudonym A. de Burgh heraus, «The Martyrdom of an Empress» wurde anonym publiziert. Was in diesen beiden Büchern kolportiert wurde, hatte großen Einfluss auf die biographische Literatur der folgenden Jahre. Im deutschen Sprachraum fanden die von den beiden Engländern präsentierten Mythen und Anekdoten durch die lebendig erzählte Lebensbeschreibung der Norwegerin Clara Tschudi Verbreitung: «Elisabeth, Kaiserin von Österreich und Königin von Ungarn» erschien als günstiges Reclam-Doppelheft.

Schon die ersten biographischen Annäherungen speisten sich also nicht aus Quellen und Zeitzeugenbefragung – was damals auch schwierig gewesen wäre –, sondern aus bereits Geschriebenem. Im Zentrum standen und stehen bis heute, wie die Germanistin Juliane Vogel festhält, die «biographischen Obsessionen, die die Kolporteure des kaiserlichen Lebens beschäftigen, mit den verheißungsvollen Themen, an denen sie weiterdichten, mit den Details, die sie von einander abschreiben, um sie im Sinne der eigenen Einbildungskraft auszumalen»[217].

So wurde nach 1909 den authentischen wie loyal huldigenden Aufzeichnungen «Aus den letzten Lebensjahren der Kaiserin» von Irma Sztáray weniger Aufmerksamkeit entgegengebracht als den Enthüllungen der Marie Larisch. Nachdem ihr letzter Erpressungsversuch gescheitert war, brachte Elisabeths Nichte 1913 den gemeinsam mit der Ghostwriterin Maude Mary Chester Ffoulkes verfassten Band «My Past» – «Meine Vergangenheit» – in London und Berlin auf den Markt. Ihren oft phantasievoll ausschmückenden und manchmal zweifelhaften Ausführungen wurde lange misstraut, doch erwiesen sich viele Details später als durchaus authentisch. Im Gegensatz dazu entsprangen die unter dem Titel «The Secret of an Empress» im selben Jahr veröffentlichten Darlegungen von Karoline Zanardi-Landi nur der Phantasie: Sie wollte als fünftes Kind Elisabeths in Sassetôt auf die Welt gekommen sein, irrte sich aber in der Datierung.

Ab den zwanziger Jahren des 20. Jahrhunderts wurde die österreichische Kaiserin für Film und Bühne entdeckt. Ausgehend von dem Lustspiel «Sissys Brautfahrt»[218] schufen die

Librettisten Ernst und Hubert Marischka und der Komponist Fritz Kreisler das 1932 mit Erfolg aufgeführte Singspiel «Sissy». Begeisterte etwa die Verfilmung «Prinzessin Wildfang» (1938) mit Traudl Stark und Paul Hörbiger ein großes Publikum, so versuchte Georg Rendl in seinem um 1935 entstandenen Theaterstück «Elisabeth. Kaiserin von Österreich» ein anspruchsvolles Psychogramm.[219]

Anfang der dreißiger Jahre interessierte sich aber auch die historische Forschung für Kaiserin Elisabeth. Die erste mit wissenschaftlichem Anspruch verfasste Biographie erschien 1934. Egon Cäsar Conte Corti wertete für seine detailreiche Studie «Elisabeth, die ‹seltsame Frau›» nicht nur Materialien in öffentlichen Archiven aus, sondern auch den erhalten gebliebenen Nachlass im Privatarchiv von Marie Valerie auf Schloss Wallsee sowie Briefe, Tagebücher und andere Aufzeichnungen im Wittelsbacher Familienarchiv. Da freilich weder seine umfangreichen Abschriften noch die Interviews mit Zeitzeugen überprüft werden können, misstrauen Historiker dem für seine wenig wissenschaftlichen Methoden bekannten Kollegen. Trotzdem kommt bis heute keine Arbeit über Kaiserin Elisabeth ohne Cortis Materialien aus, sind die Familienarchive doch nicht mehr zugänglich.

Durch diese erste seriöse Biographie fühlte sich Marie Larisch, die nach einem ereignisreichen Leben hoch betagt in Augsburg lebte, provoziert: Neben zwei englischsprachigen Publikationen erschien 1935 «Kaiserin Elisabeth und ich». Der Historiker Richard Sexau, der zu dieser Zeit an einer Biographie über Elisabeths Bruder Carl Theodor arbeitete und ebenfalls die Habsburger und Wittelsbacher Familienarchive konsultieren durfte, bekämpfte die zum Teil abenteuerlichen Ausführungen von Elisabeths Nichte. Seine Studie «Fürst und Arzt» – Carl Theodor hatte gegen familiäre Widerstände ein Medizinstudium durchgesetzt und als Augenarzt gewirkt – erschien erst 1963. Nationalsozialismus und Krieg setzten eine Zäsur: Nach 1945 schien von historischer Seite vieles dringlicher als eine Auseinandersetzung mit der Monarchie.

Genauso interessierte im Deutschland und Österreich der

Nachkriegszeit wenig, dass Jean Cocteau in seinem Theaterstück und Film «L'Aigle à deux Têtes» (1947) eine nach dem
Vorbild Elisabeths gezeichnete «Königin mit anarchistischen
Anschauungen» einem nach Ludwig II. charakterisierten «An-
archist[en] mit monarchischem Gefühl» gegenüberstellte.[220]
Auf der Suche nach einer Projektionsfläche, die die Flucht aus
der bedrückenden unmittelbaren Vergangenheit wie der arm-
seligen Gegenwart ermöglichen sollte, erinnerte sich Ernst Marischka an das Singspiel «Sissy». Den Film «Sissi» gestaltete er
1955 nach dem dort entlehnten Muster von Verwechslungsko-
mödie und romantischer Liebesgeschichte. In Karlheinz Böhm,
dem Sohn des Stardirigenten des Dritten Reichs Karl Böhm,
und Romy Schneider, der Tochter des in dieser wenig geliebten
Vergangenheit gefeierten Schauspielerpaares Magda Schneider und Wolf Albach-Retty, fand er die ideale Besetzung: Sie
simulierte, wie Ruth Beckermann feststellt, den «Bruch mit der
Ideologie der Nazizeit bei voller Kontinuität»[221]. Auf «Sissi»
folgten 1956 zwei Fortsetzungen: Hatte der erste Teil mit dem
Treffen in Ischl 1853 begonnen, so führten «Sissi, die junge
Kaiserin» und «Sissi – Schicksalsjahre einer Kaiserin» bis zur
ungarischen Königskrönung 1867. Obwohl bis 1958 mehrere
Millionen Zuschauer die Filme gesehen hatten, fand die Reihe
keine Fortsetzung (und die österreichische Filmindustrie ihr
Ende): Romy Schneider, die nur mehr mit dieser Rolle identifiziert wurde, «fühlte» sich «abgestempelt»[222] und beschloss,
in Frankreich noch einmal neu anzufangen.

Die biederen «Sissi»-Filme verdanken ihre Wirkung der
Präsenz und Anmut der jungen Hauptdarstellerin, die bei allem Kitsch den Wunsch nach Emanzipation überzeugend und
natürlich darzustellen wusste. Sissi / Romy war und ist für junge Mädchen und Frauen eine Identifikationsfigur: Sie steht für
Selbstverwirklichung und Rebellion. Die Verlagerung in einen
luxuriösen, bei aller Kostümierung ahistorischen Raum kann
zugleich bis heute die Zumutungen und Frustrationen der Realität bannen.

Eine durch Quellen gesicherte wissenschaftliche Beschäftigung mit Elisabeths Biographie ist bis heute nur unter Ein-

schränkungen möglich. Die wenigen erhaltenen privaten
Nachlassmaterialien befinden sich in Familienbesitz und sind
seit den dreißiger Jahren auch für die wissenschaftliche Forschung gesperrt. Zugänglich sind nur die in öffentlichen Archiven aufbewahrten Dokumente wie die Nachlässe von Erzherzogin Sophie und Kronprinz Rudolf[223] sowie die Tagebücher von Marie Festetics[224]. Veröffentlicht wurden die Briefe
Franz Josephs an seine Mutter und an Elisabeth, die Briefe des
Kaiserpaars an Rudolf, Franz Josephs Korrespondenz mit Katharina Schratt sowie das Tagebuch von Marie Valerie[225], wo-
bei die detaillierten Aufzeichnungen der jüngsten Kaisertoch-
ter nur nach der von Richard Sexau verfassten Abschrift publiziert werden konnten. So sind die Nachlässe der beiden His-

toriker Corti und Sexau wichtige Quellen für eine wissenschaftliche Auseinandersetzung mit Kaiserin Elisabeth. Wesentliche Grundlage für jede seriöse Arbeit ist seit 1984 die nach den im Schweizer Bundesarchiv aufbewahrten Handschriften von Brigitte Hamann zusammengestellte Edition von Elisabeths Gedichten.[226] Die Lyrik bildete 1981 auch die Grundlage für Brigitte Hamanns Biographie «Elisabeth. Kaiserin wider Willen»: Diese Studie leistete eine wichtige Neubewertung und gilt als Standardwerk.

Die populäre Elisabeth-Rezeption erlebt seit der Premiere von Michael Kunzes (Text) und Sylvester Levays (Musik) Musical «Elisabeth» im September 1992 im Theater an der Wien einen neuen Höhepunkt. Das erfolgreichste deutschsprachige Musical stellt das Unabhängigkeitsstreben der Kaiserin – sie singt: «Ich gehör nur mir» – und ihre Todessehnsucht in den Mittelpunkt. Wie schon die «Sissi»-Filme hat auch «Elisabeth» vorwiegend weibliche Fans: Die Idee, mit Schönheit Macht ausüben zu können, fasziniert viele. Indem der personifizierte Tod zum lebenslangen Gefährten stilisiert wird, gibt das Musical aber auch eine esoterisch-morbide Antwort auf die vom Konflikt zwischen den Geschlechtern und der zunehmenden Beziehungsunfähigkeit geprägte Befindlichkeit zur Jahrtausendwende.

Die österreichische Kaiserin wird heute umfassend vermarktet. Schloss Schönbrunn, Hofburg, Hermesvilla, Schloss Gödöllö und die Kaiservilla in Bad Ischl ziehen zahlreiche Besucherinnen an. Ausstellungen haben Erfolg, und seit April 2004 gibt es ein «Sisi Museum» in der Wiener Hofburg. Der Buchmarkt boomt: Neben Biographien, Büchern zu Detailfragen und Bildbänden erscheinen von der Ratgeberliteratur inspirierte Arbeiten zu Elisabeths Diät- und Fitness-Programm oder ihren Schönheitsrezepten.[227] Das allgemeine Interesse an der österreichischen Kaiserin inspiriert inzwischen auch Pharmakonzerne: SmithKline Beecham kreierte 1998 für eine Form versteckter Depression – die Patient(inn)en überspielen ihre Niedergeschlagenheit mit demonstrativer Aktivität – den Begriff «Sisi-Syndrom».[228] Seit den neunziger Jahren erscheinen

Foto von der Uraufführung des Musicals «Elisabeth»

freilich auch fundierte kulturtheoretische, feministische und politikwissenschaftliche Auseinandersetzungen wie Juliane Vogels zentrale Studie «Elisabeth von Österreich. Momente aus dem Leben einer Kunstfigur», Lisa Fischers vergleichende Arbeit «Schattenwürfe in die Zukunft. Kaiserin Elisabeth und die Frauen ihrer Zeit» und Karin Amtmanns Beitrag «Elisabeth von Österreich. Die politischen Geschäfte der Kaiserin».

Sisi –
eine
Traumfigur!

Werbekarte für die Kaiser-
appartements in der Wiener
Hofburg

Egal, ob als narzisstische Femme fatale für die dekadente Männerwelt um 1900, als vorbildliche Rebellin für die Frauen der prüden 1950er Jahre oder als esoterische Egozentrikerin und Model mit Idealfigur für die weiblichen Fans von heute, Elisabeth war und ist eine Kultfigur. Dass die reale Kaiserin mit ihrem Schönheitsideal, ihren politischen und emanzipatorischen Ansätzen ihrer Zeit voraus war, dass sie sich, frustriert von der Gegenwart, dezidiert an die *Zukunfts-Seelen* wandte, spielte und spielt für den ihr zugestandenen Kultstatus keine große Rolle: Denn nicht die Summe des in historischen Quellen Verbürgten kreiert Kultträger, sondern eine dem jeweiligen Zeitgeist angepasste Mischung aus Legenden, Mythen und Projektionen. In dieser Hinsicht hat Elisabeth, Kaiserin von Österreich und Königin von Ungarn, auch für heutige Bedürfnisse einiges zu bieten.

Auf die im «Poetischen Tagebuch» (1995) abgedruckte Lyrik von Kaiserin Elisabeth wird mit der Sigle **PT** hingewiesen. Die häufig zitierte Literatur über sie wird mit folgenden Siglen versehen: Amélie von Urachs Manuskript «Erinnerungen an Herzogin Ludovica»: **AU**; Constantin Christomanos' «Tagebuchblätter» (1983): **C**; Egon Cäsar Conte Cortis Biographie «Elisabeth» (2001): **CC**; Brigitte Hamanns Biographie «Elisabeth» (2002): **H**; Marie Valeries «Tagebuch» (1998): **MV**.

Der Verweis **Nl Sexau** bezieht sich auf den in der Bayerischen Staatsbibliothek, München (Handschriftenabteilung) aufbewahrten Nachlass des Historikers Richard Sexau.

Nl Corti bezeichnet den im Österreichischen Staatsarchiv Wien liegenden Nachlass des Historikers und Elisabeth-Biographen Egon Cäsar Conte Corti.

Alle in der Bibliographie angeführten Werke werden in den Anmerkungen in Kurzform genannt.

Zur Zitierweise: Neben dem «Poetischen Tagebuch» sind nur wenige originale Dokumente der Kaiserin zugänglich. Diese werden wie auch die von Conte Corti und Sexau überlieferten Zitate aus Elisabeths Briefen und frühen Gedichten kursiv wiedergegeben. Alle nur von Dritten übermittelten (angeblichen) Aussagen der Kaiserin werden kursiv und mit Anführungszeichen gekennzeichnet. (Zur Problematik der Quellenlage vgl. auch S. 106–110)

1 Vgl. CC, S. 11 f.
2 Zit. nach Witzleben / Vignau, S. 212
3 Frank Büttner: Ludwig I. Kunstförderung und Kunstpolitik. In: Schmid / Weigand, S. 324
4 Vgl. Sexau, S. 13 f.
5 Hyacinth Holland: Maximilian, Herzog in Baiern. In: Allgemeine Deutsche Biographie, 52. Bd. Leipzig 1906, S. 264 f.
6 Novellen von Phantasus. 2 Theile. München 1831; Wanderung nach dem Orient im Jahre 1838 unternommen und skizzirt von dem Herzoge Maximilian in Bayern. München 1839; H. M. B.: Der Fehlschuß. Alpenscene in österreichischer Mundart. [Historisches Aufführungsmaterial 1847 ff.]
7 Die im Druck erschienenen Kompositionen von Herzog Maximilian in Bayern. Ländler, Walzer, Polka, Schottisch, Mazurka, Quadrillen und Märsche für Pianoforte, Zither, Gitarre oder Streichinstrumente, mit einem Werkverzeichnis von Eberhard Köstler und einem Beitrag von Ernst Schuster, hg. von Ernst Schuster. München 1992; Oberbayerische Volkslieder mit ihren Singweisen, gesammelt und hg. von HM. München 1846, 1858, 1988; Posthornklänge für das chromatische Horn, gesammelt von Herzog Maximilian in Bayern. Mit Reisebildern von Carl Stieler. München 1869
8 AU, S. 3
9 AU, S. 10
10 AU, S. 1
11 Nl Sexau, Ana 346(B.I.5e; Briefe von Ludovika an Max, S. V
12 AU, S. 10 f.
13 AU, S. 11
14 AU, S. 13
15 AU, S. 11
16 AU, S. 14
17 AU, S. 1
18 C, S. 76; zur Zitierweise s. Einleitung der Anmerkungen
19 PT, S. 312
20 Vgl. Wallersee 1935, S. 163
21 PT, S. 249
22 AU, S. 15
23 Nl Sexau, Ana 346(B.I.5e; im Original französisch, Übersetzung L. E.
24 CC, S. 14 f., Zitat S. 15
25 AU, S. 17

26 Schmid/Weigand, S. 313
27 Vgl. CC, S. 18f.
28 Brief an Erzherzog Ludwig, 3. 12. 1848; zit. nach Holler, S. 196
29 Vgl. Sexau, S. 44
30 CC, S. 25
31 CC, S. 26
32 Nl Sexau, Ana 346(B. I. 5a, Mappe 2. Richard Sexau kennzeichnete Auslassungen gegenüber dem Original in seiner Abschrift nur mit «…». Diese Schreibweise wurde zur Unterscheidung von Kürzungen, die die Autorin vornahm, übernommen.
33 AU, S. 15
34 Nl Sexau, Ana 346(B.I.5e
35 Zit. nach H, S. 39
36 Sophie dokumentierte die Geschehnisse in einem Brief an Marie von Sachsen, publiziert in: Reichspost. Unabhängiges Tageblatt für das christliche Volk (Wien), Jg. 41, Nr. 109 vom 22. 4. 1934, S. 9f.
37 Zit. nach CC, S. 32
38 Brief Ludovikas an Auguste von Bayern, 19. 8. 1853, Nl Sexau, Ana 346(B.I.5e
39 AU, S. 17
40 Reichspost a. a. O., S. 10
41 MV, S. 204
42 Schnürer, S. 208f.
43 Schnürer, S. 210
44 Wien 1842
45 Vgl. H, S. 50
46 Amtmann, S. 29
47 Holler, S. 239
48 Zit. nach H, S. 72
49 Zit. nach CC, S. 56
50 Holler, S. 90
51 PT, S. 144
52 Holler, S. 107
53 Vgl. Gespräch des Historikers Friedjung mit Marie Festetics 1913; zit. nach H, S. 371
54 Zit. nach H, S. 79f.
55 MV, S. 137
56 Tagebuch von Marie Festetics, 1872; zit. nach H, S. 102
57 Brief an Prinzessin Auguste von Bayern, 22. 3. 1855, Nl Sexau, Ana 346(B.I.5a, Mappe 2
58 Brief an Ludovika, 1. 2. 1867; zit. nach CC, S. 154
59 Schnürer, S. 256
60 H, S. 125
61 PT, S. 349
62 Schnürer, S. 306
63 Vogel, S. 109
64 Brief vom 3. 5. 1862, Nl Sexau, Ana 346(B.I.5e
65 Gabriela Christen: Die Bildnisse der Kaiserin Elisabeth. In: Vogel, S. 177–208, Zitat S. 187
66 Vogel: Die doppelte Haut, S. 222; zur Ballrobe von 1864 vgl. ebd., S. 229ff.
67 Vogel: Die doppelte Haut, S. 233
68 Margarete Slezak: Der Apfel fällt nicht weit vom Stamm. München 1953, S. 42
69 C, S. 49
70 C, S. 63
71 C, S. 49
72 PT, S. 303
73 C, S. 67
74 In Zusammenhang mit der umfangreichen Fachliteratur sei hier nur auf Bruch und Selvini Palazzoli verwiesen, vgl. Bibliographie 3.3
75 Vgl. Vandereycken
76 Vogel, S. 84
77 Nl Sexau, Ana 346(B.I.5a, Mappe 2
78 Tagebuch von Marie Festetics, 1882; zit. nach H, S. 174
79 Zit. nach H, S. 175
80 Nl Sexau, Ana 346(B.I.5a, Mappe 2
81 Brief vom 12. 7. 1865; zit. nach: Ausstellungskatalog 1991, S. 44
82 Schnürer, S. 348
83 PT 113
84 Weissensteiner, S. 145
85 Zit. nach CC, S. 139f.
86 Zit. nach CC, S. 141, Hervorhebung auch bei Corti
87 Nostitz-Rieneck Bd. 1, S. 41, 39
88 H, S. 230
89 Nostitz-Rieneck Bd. 1, S. 51
90 Nostitz-Rieneck Bd. 1, S. 54, 53
91 Nostitz-Rieneck Bd. 1, S. 55
92 Nostitz-Rieneck Bd. 1, S. 57f.

93 Zit. nach CC, S. 160
94 Vogel: Die doppelte Haut, S. 225
95 Wertheimer Bd. 1, S. 223
96 Vgl. CC, S. 126 ff.; H, S. 207 ff.
97 H, S. 269
98 MV, S. 134
99 MV, S. 87
100 Brief vom 21. 1. 1875 aus Ofen, Nl Sexau, Ana 346(B.I.5 f
101 Fischer, S. 51
102 Friedjung Bd. 1, S. 425
103 Brief vom 10. 8. 1870; zit. nach CC, S. 189
104 Hermann Rumschöttel: Ludwig II. Das Leiden am Reich. In: Schmid / Weigand, S. 348
105 Vgl. H, S. 306
106 Tagebuch Festetics; zit. nach H, S. 314
107 Wallersee 1937, S. 60. Obwohl sie nach ihrer Scheidung von Georg Larisch in zwei weiteren Ehen die Namen Brucks und Meyers trug, blieb Marie als Gräfin Larisch bekannt. Die Erinnerungsbücher veröffentlichte sie unter ihrem Mädchennamen Wallersee bzw. unter dem Doppelnamen Wallersee-Larisch.
108 Wallersee 1937, S. 62
109 Wallersee 1937, S. 61
110 Vogel, S. 100
111 Wallersee 1937, S. 34 f.
112 Wallersee 1937, S. 88
113 PT, S. 238
114 Vogel, S. 24
115 Vgl. Saathen
116 PT, S. 211
117 PT, S. 103
118 Wallersee 1937, S. 97
119 Vgl. Vogel, S. 166 – 171
120 PT, S. 80
121 Vgl. CC, S. 225 – 234
122 Zit. nach CC, S. 312
123 PT, S. 82
124 Vgl. PT, S. 53 f. und CC, S. 342 f.
125 PT, S. 56
126 L. von Heydebrand und der Lasa (Hg.): Die Amazone. Einführung in das Gebiet der edlen Reitkunst für Damen. Leipzig, Berlin [1884], S. 31
127 Welcome, S. 121
128 Zit. nach CC, S. 258
129 Zit. nach CC, S. 271
130 Sztáray, S. 196
131 Zit. nach Stadtlaender, S. 49
132 Vgl. PT, S. 51, 44, 42
133 C, S. 151
134 Joseph A. Kruse: «Mir dünkt, dass du dictiertest». Kaiserin Elisabeths Dichter: Heinrich Heine. In: Walther / Lindinger, S. 41 – 52; Zitat S. 49
135 Heinrich Heine: Tragödien nebst einem lyrischen Intermezzo; zit. nach: H. Heine: Werke. Bd. 1: Gedichte, ausgewählt und hg. von Christoph Siegrist, Frankfurt a. M. 1968, S. 44; PT, S. 137
136 Vgl. PT, S. 81 f.
137 PT, S. 76, 77
138 PT, S. 97
139 Korfu, 4. 11. (1885), Nachlass von Staatsrat Baron Adolf von Braun, Haus-, Hof- und Staatsarchiv, Wien; zit. nach H, S. 442
140 PT, S. 102 – 106
141 MV, S. 156
142 Vgl. auch Carmen Sylva, S. 31
143 Vgl. z. B. Nostitz-Rieneck Bd. 1, S. 188
144 Hamann 1991
145 MV, S. 68 – 69
146 Vgl. PT, S. 107
147 MV, S. 79
148 PT, S. 106 – 109
149 Anno Domini …, II., PT, S. 112 – 115, Zitat S. 114
150 Vgl. PT, S. 126, 131
151 Vgl. PT, S. 143 ff., 147 ff., 161 ff., 174 ff.; 152 f.
152 MV, S. 121
153 MV, S. 115
154 PT, S. 173
155 Vgl. PT, S. 138 f.
156 PT, S. 143 – 146; Zitat S. 145
157 C, S. 55
158 MV, S. 126; vgl. auch PT, S. 214 – 216
159 Vgl. PT, S. 344 – 359
160 Vgl. PT, S. 378 – 383
161 Vgl. Stephan Oettermann: Zeichen auf der Haut. Hamburg 1994

162 MV, S. 156
163 Wallersee 1935, S. 46
164 PT, S. 18
165 Zit. nach PT, S. 36
166 Vgl. PT, S. 291 f.
167 Walther/Lindinger, S. 46
168 PT, S. 261
169 Vgl. Rudolf 1998, S. 449
170 Zu den ornithologischen Schriften vgl. Rudolf 1998, S. 450; zu «Die österreichisch-ungarische Monarchie in Wort und Bild», 24 Bde., erschienen 1885–1902, vgl. Rudolf 1998, S. 449
171 Kronprinz Rudolf: Über die gegenwärtige politische Situation in Österreich. Ein schriftstellerischer Versuch auf dem Gebiete der Inneren Politik. Manuskript. In: Rudolf 1998, S. 55–78
172 Vgl. Rudolf 1998, S. 451
173 Vgl. H, S. 529
174 PT, S. 338
175 Kronprinz Rudolf: Skizzen aus der österreichischen Politik der letzten Jahre. In: Rudolf 1998, S. 143–177
176 Rudolf 1998, S. 191–227
177 Nachlass Friedjung, Gespräch mit Marie Festetics vom 23. 3. 1909, Stadtbibliothek Wien; zit. nach Hamann 2001, S. 416
178 Laut Ida Ferenczy, Nl Corti; zit. nach H, S. 547
179 Vgl. Loschek, Helene Vetsera, Wallersee 1935, 1937
180 Wallersee 1937, S. 174 f.
181 Vgl. CC, S. 369 ff.
182 Vgl. MV, S. 168
183 MV, S. 172
184 MV, S. 197
185 MV, S. 209
186 MV, S. 216
187 Wallersee 1935, S. 45 f.
188 Vogel, S. 154
189 C, S. 74
190 Clary-Aldringen, S. 114
191 MV, S. 285
192 MV, S. 274
193 «Pesti Hirlap» vom 10. 6. 1896; zit. nach CC, S. 424
194 Nl Corti; zit. nach H, S. 581
195 Vgl. H, S. 581
196 Vgl. MV, S. 291
197 Eisenmenger, S. 77 f.
198 Sztáray, S. 22
199 Vgl. Cachée, S. 82
200 Wallersee 1935, S. 46
201 C, S. 72 f.
202 CC, S. 396
203 Nostitz-Rieneck Bd. 1, S. 293
204 Nostitz-Rieneck Bd. 2, S. 328 f.
205 MV, S. 156
206 MV, S. 304
207 MV, S. 306
208 Sztáray, S. 249
209 Zit. nach Amtmann, S. 223
210 MV, S. 308
211 Vgl. Dorfmeister
212 Vgl. CC, S. 12, 369
213 Lucheni 1998
214 Vogel, S. 31
215 Vgl. Bibliographie 2.3
216 Vogel, S. 117
217 Vogel, S. 30
218 Decsey/Holm
219 Vgl. Bibliographie 4.1 bis 4.3. Zu den Theaterstücken vgl.: Ursula Storch: Wie in einem Spiegel (Kaiserin Elisabeth als Dramengestalt). In: Walther, S. 111–117. Zu den Filmen vgl. Peter Kraus-Kautzky: Kaiserin Elisabeth im Film. In: Walther, S. 117 f.
220 Cocteau 1950; zit. nach Walther, S. 115
221 Beckermann, S. 320
222 Ich, Romy. Tagebuch eines Lebens. Hg. von Renate Seyel. München 2003, S. 176
223 Österreichisches Haus-, Hof- und Staatsarchiv, Wien
224 Széchényi-Bibliothek, Budapest
225 Schnürer, Nostitz-Rieneck, Weissensteiner, Hamann 1992, MV
226 PT
227 Vgl. Bibliographie 2.2 bis 2.7
228 Vgl. Jörg Blech: Die Abschaffung der Gesundheit. In: Der Spiegel (Hamburg), Nr. 33/2003 vom 11. 8. 2003, S. 117

1837   Elisabeth wird am 24. Dezember in München geboren. Sie wächst in München und Possenhofen am Starnberger See auf.

1848   Nach Niederschlagung der Revolution in Österreich tritt Franz Joseph I. am 2. Dezember die Nachfolge des zurückgetretenen Ferdinand I. an. In den folgenden Jahren etabliert er seine absolutistische Herrschaft.

1849   Die aufständischen Ungarn werden mit russischer Hilfe niedergezwungen.

1853   Der Krimkrieg bricht aus, in dessen Folge Österreichs Vormachtstellung in Europa geschwächt wird. Am 18. August verlobt sich Franz Joseph mit seiner Cousine Elisabeth in Bad Ischl.

1854   Elisabeth und Franz Joseph heiraten am 24. April in Wien.

1855   Die Tochter Sophie wird am 5. März geboren.

1856   Die zweite Tochter Gisela wird am 15. Juli geboren. Elisabeth und Franz Joseph verbringen im Herbst vier Monate in den norditalienischen Provinzen.

1857   Während einer Ungarnreise stirbt die zweijährige Sophie am 29. Mai in Budapest.

1858   Am 21. August wird Kronprinz Rudolf geboren.

1859   Der von Sardinien-Piemont provozierte Krieg um die österreichischen Provinzen in Norditalien führt zum Verlust der Lombardei. Als Franz Joseph sich auf außereheliche Affären einlässt, fühlt Elisabeth sich verraten und gedemütigt.

1860   Da sie unter gesundheitlichen Problemen leidet, empfiehlt ihr Arzt im November einen fünfmonatigen Aufenthalt auf Madeira.

1861   Elisabeth erholt sich, beginnt Ungarisch zu lernen und wird selbstbewusster. Im Sommer reist sie wegen wieder auftretender Gesundheitsprobleme nach Korfu. Den Winter verbringt Elisabeth mit Gisela und Rudolf in Venedig.

1862   Am 18. August kehrt sie nach Wien zurück. Obwohl sie auch in den folgenden Jahren kränklich bleibt, entwickelt sie ihr auf das üppige Haar wie die schmale Taille setzendes Schönheitsideal.

1864   Der Maler Franz Xaver Winterhalter malt das berühmte Porträt in Ballrobe, das Elisabeths Ruf als schönste Frau Europas begründet. Im November engagiert Elisabeth mit Ida Ferenczy eine ungarische Konversationspartnerin: In ihr findet sie eine gute Freundin und eine Streiterin für die politische Gleichberechtigung Ungarns.

1865   Nachdem sie erfahren hat, welchem Psychoterror Rudolf ausgesetzt ist, erkämpft sich Elisabeth die Verantwortung für die Erziehung ihrer Kinder sowie das Recht, alle ihre persönlichen Angelegenheiten selbst zu regeln.

1866   Nach der den Deutschen Krieg entscheidenden österreichischen Niederlage bei Königgrätz am 3. Juli geht Elisabeth mit ihren Kindern nach Budapest. Die schwierige Lage nutzt sie, um Franz Joseph im Sinn der ungarischen Liberalen unter Druck zu setzen. Im August muss Österreich im Frieden von Prag aus dem Deutschen Bund austreten.

1867   Franz Joseph vollzieht eine radikale politische Kehrtwendung und setzt sich für die Gründung des Doppelstaats Österreich-Ungarn und eine liberale Verfassung ein. Am 8. Juni werden Franz Joseph und Elisabeth in Budapest zu König und Königin von Ungarn gekrönt.

1868 Am 22. April kommt Elisabeths Lieblingstochter Marie Valerie in Budapest zur Welt. Während der folgenden Jahre verbringt Elisabeth viel Zeit in Ungarn.

1869 Die letzte offizielle Porträtfotoserie von Elisabeth entsteht.

1870 Die deutschen Staaten unter Preußens Führung entscheiden Ende des Jahres den Deutsch-Französischen Krieg für sich. Am 10. Dezember wird das Deutsche Reich gegründet. Elisabeth verbringt den Winter mit ihren Töchtern in Meran.

1871 Am 18. Januar wird Wilhelm I. zum deutschen Kaiser ernannt. Im November ernennt Franz Joseph eine liberale Regierung: Elisabeths politischer Freund Gyula Andrássy wird Außenminister. Die Kaiserin verbringt den Winter in Meran.

1872 Franz Josephs Mutter stirbt Ende Mai.

1873 Die Tochter Gisela heiratet im April Prinz Leopold von Bayern. Elisabeth nimmt an zahlreichen Empfängen während der Wiener Weltausstellung teil. Im Dezember wird das 25-jährige Regierungsjubiläum Franz Josephs gefeiert.

1874 Elisabeth geht am Faschingsdienstag auf einen Maskenball und flirtet mit einem jungen Beamten. Im Sommer lernt sie die englische Parforcejagd kennen.

1875 Ferdinand I. stirbt in Prag und hinterlässt Franz Joseph ein riesiges Vermögen. Elisabeth hat am 11. September in Sassetôt in der Normandie einen schweren Reitunfall.

1876 Im März nimmt Elisabeth an der Seite ihres Piloten Bay Middleton, der sie auch die folgenden Jahre begleitet, erstmals an englischen Parforcejagden teil.

1877 Der russisch-türkische Krieg beginnt.

1878 Im Januar und Februar triumphiert Elisabeth als beste Reiterin bei englischen Jagden. Während des Berliner Kongresses im Sommer werden Bosnien und Herzegowina unter österreichische Verwaltung gestellt.

1879 Im Februar und März reist Elisabeth zur Jagd nach Irland. Am 7. Oktober wird der Zweibund zwischen Österreich und Deutschland geschlossen.

1880 Elisabeth reitet im Februar irische Jagden mit.

1881 Elisabeth reitet im Februar und März bei englischen Jagden. Am 10. Mai heiratet Kronprinz Rudolf Prinzessin Stephanie von Belgien.

1882 Elisabeth fährt im Frühjahr das letzte Mal nach England zur Jagd. Am 20. Mai wird der Dreibund (Deutschland, Österreich, Italien) geschlossen.

1883 Elisabeth fährt in diesem und allen folgenden Jahren oft zur Kur. Vom Extremsport Reiten durchtrainiert und nervös, macht sie stundenlange Wanderungen.

1885 Elisabeth beginnt im niederländischen Zandvoort nach 30 Jahren wieder Gedichte zu schreiben: Heinrich Heine ist ihr großes Vorbild. In Heidelberg entdeckt sie das Fechten und nimmt Unterricht.

1886 Elisabeths depressive Stimmungen werden schlimmer, das Schreiben wirkt aber entlastend. Auf den Tod von König Ludwig II. am 13. Juni im Starnberger See reagiert sie mit Verzweiflung.

1887 Im Herbst unternimmt Elisabeth mit Alexander von Warsberg ihre erste Griechenland-Bildungsreise. Elisabeth verfasst zahlreiche Gedichte. Im Winter lässt sie die unter den Titeln *Nordsee Lieder* und *Winterlieder* gesammelten Texte abschreiben und geheim drucken.

1888 Im Herbst fährt Elisabeth nach Griechenland. Sie beschließt, sich auf Korfu ein Haus bauen zu lassen, und beginnt Alt- und Neugriechisch zu lernen. Sie lässt sich einen Anker auf die Schulter tätowieren. Zu Weihnachten verlobt sich die Lieblingstochter Marie Valerie mit Erzherzog Franz Salvator. Nach 1888 verfasst Elisabeth keine Gedichte mehr.

1889 Kronprinz Rudolf begeht am 30. Januar gemeinsam mit Mary Vetsera in Mayerling Selbstmord. Elisabeth inszeniert sich bis zu ihrem Lebensende als trauernde Mutter.

1890 Nach Marie Valeries Hochzeit mit Erzherzog Franz Salvator am 31. Juli in Ischl bestimmt Elisabeth, dass ihre Gedichte 1950 an den Schweizer Bundespräsidenten ausgehändigt und von diesem veröffentlicht werden sollen. Die Kaiserin reist in den folgenden Jahren unstet in Europa und Nordafrika umher.

1893 Elisabeth entdeckt die Schweiz als Reiseziel: Sie ist begeistert von der Landschaft und beeindruckt von der republikanischen Verfassung. Sie leidet in ihren letzten Lebensjahren an schweren Depressionen und an Magersucht.

1898 Ende August reist Elisabeth nach Montreux am Genfer See. Am 10. September wird sie in Genf von dem italienischen Anarchisten Luigi Lucheni mit einer Feile ermordet.

ZEUGNISSE

Helmuth von Moltke

Das Gerücht hat nicht zu viel gesagt, die Kaiserin ist entzückend, noch anziehender als schön, eigenthümlich und schwer zu beschreiben.
In einem Brief aus dem Jahr 1865

Marie Festetics

Sie ist eine Schwärmerin, und ihre Hauptbeschäftigung ist Grübeln. [...] Sie brauchte eine Beschäftigung, eine Position, und da die Einzige, die Sie hätte, Ihrer Natur zuwider ist, liegt in Ihr alles brach.
Tagebuch, Eintragung vom 14. 8. 1873

Alexander von Warsberg

[...] ich fand sie häßlich, alt, spindeldürr aussehend, schlecht angezogen und hatte den Eindruck, nicht eine Närrin, sondern eine Wahnsinnige vor mir zu haben, so daß ich förmlich traurig wurde.
Aufzeichnungen vom 4. 11. 1885

Constantin Christomanos

Die wehmütige Biegung des Mundes, das intensive Schauen der Augen, als ob sie in etwas Undurchdringliches sich versenken wollten, das Aufrichten des Nackens und der Stirne wie in stolzer Auflehnung gegen eine unerträgliche äußere Last, gegen die sie den Kampf allein aufnehmen müßten, und dabei das Vorneigen der Gesichtszüge wie im Bewußtsein einer ungesagten Mühsal, die Haltung des zarten königlichen Körpers, zuwartend, wie im Begriffe zusammenzuknicken und doch voll innerer Schwungkraft den Angriffen des Schicksals gewärtig, der Klang der Stimme, die Melodien der Worte wie ein wahrnehmbar werdendes Aufblühen heimlicher Harmonien – das alles enthüllte mir eine ganze innere Welt organisierter Traurigkeiten [...].
Tagebuchblätter, 1898 (Eintragung vom Mai 1891)

Hermann Bahr

Die Mona Lisa ist so, keiner Nation und keinem Alter zugehörend, sondern eine Gestalt, die immer unter den Menschen erscheinen und niemals ihre Art annehmen kann. An sie möchten wir zuerst denken, aber sie ist doch anders: sie hat etwas Triumphierendes über das Leben, sie ist stärker, sie gebietet.
Die Kaiserin, in: Die Zeit vom 17. 9. 1898

Gabriele d'Annunzio

So, da sie die Wirklichkeit nicht für mehr geachtet hatte als für eine Sklavin, vermochte diese Frau sich im Angesicht des Todes mit der unverwelkten Blüte ihrer Seele zu bekränzen. Und wahrhaft kaiserlich von Diadem hinab bis zur Ferse steht sie vor uns, ein wundervolles Vorbild von Einsamkeit, Macht und Freiheit.
Kaiserin Elisabeth, in: Die Zukunft vom 15. 10. 1898

Therese von Fürstenberg

Wie sie wirklich war und was an ihr so anziehend und bezaubernd wirkte, das kann kein Meißel und kein Pinsel wiedergeben, das war nur ihr eigen. Sie wird in der Legende fortleben, nicht in der Geschichte ...
In einem Brief vom 7. 6. 1907

Paul Morand

Sie ist eine Frau unseres Jahrhunderts in den guten wie in den schlechten Eigenschaften; ist in das vergangene, ins 19., eingetreten, als sei sie an die verkehrte Tür geraten. Eine Königin für Demokraten, die Thronbaldachin gegen Feldzelt austauscht, Ehrungen für nichtig hält, ohne indessen Luxus, Komfort und Aufwand zu verachten, ganz im

Gegenteil. Ein falsches «Naturkind», eine wirklich übernervöse Person.
La dame blanche des Habsbourg, 1963

Brigitte Hamann
Sie spielte keine der Rollen, die ihr Tradition und Umwelt zuerteilten: nicht die Rolle der liebend-ergebenen Ehefrau, nicht die Rolle der Familienmutter, nicht die Rolle der ersten Repräsentationsfigur eines Riesenreiches. Sie pochte auf ihr Recht als Individuum – und setzte dieses Recht durch. Daß diese ihre «Selbstverwirklichung» nicht zu ihrem Glück führte, macht die Tragik ihrer Lebensgeschichte aus […].
Elisabeth. Kaiserin wider Willen, 1981

E. M. Cioran
In ihr war kein Quentchen, keine Spur von Einstellung, geschweige denn von Ideologie. Sie hat sich nicht in die Gedankenwelt, in den Meinungsstreit ihrer Zeit gemischt.
In einem Interview 1983

Werbung für das Musical «Elisabeth»
Doch ihre Liebe und Sehnsucht gehörte dem Tod.
Zur Wiederaufnahme am Theater an der Wien im Oktober 2003

Bibliographie

Es gibt keine Bibliographie zu Kaiserin Elisabeth. Die Literatur zum Thema – sie umfasst Kolportagen, Romane, Lyrik, literarische und wissenschaftliche Biographien, Ratgeber und Detailstudien – ist uferlos: Die Österreichische Nationalbibliothek verzeichnet über 500 selbständige Publikationen. Hinzu kommen neben Theaterstücken und Liedern auch Filme, eine Operette und ein Musical.
Die folgende Bibliographie bietet nur eine kleine Auswahl. Sie ist folgendermaßen gegliedert:
1. Primärtexte
2. Texte über Elisabeth: 2.1 Erinnerungstexte, 2.2 Biographien, 2.3 Detailaspekte, 2.4 Kulturgeschichtliche Aspekte, 2.5 Ausstellungskataloge, 2.6 Bildbände, 2.7 Informationen im Internet
3. Weitere Materialien: 3.1 Elisabeths Familie, 3.2 Kronprinz Rudolf und Mayerling, 3.3 Sonstige Studien
4. Adaptationen: 4.1 Theaterstücke, 4.2 Filme, 4.3 Operette, Musical

1. Primärtexte

Elisabeth, Kaiserin: Das poetische Tagebuch. Hg. von Brigitte Hamann. Wien ³1995 (Erstausgabe 1984)
Hamann, Brigitte (Hg.): Meine liebe, gute Freundin. Die Briefe Kaiser Franz Josephs an Katharina Schratt. Wien 1992
Marie Valérie von Österreich: Das Tagebuch der Lieblingstochter von Kaiserin Elisabeth. 1878–1899. Hg. von Martha und Horst Schad. München 1998
Nostitz-Rieneck, Georg (Hg.): Briefe Kaiser Franz Josephs an Kaiserin Elisabeth. 1859–1898. 2 Bde. Wien, München 1966
Schnürer, Franz (Hg.): Briefe Kaiser Franz Josephs I. an seine Mutter. 1838–1872. München 1930
Weissensteiner, Friedrich (Hg.): Lieber Rudolf. Briefe von Kaiser Franz Joseph und Elisabeth an ihren Sohn. Wien 1991

2. Texte über Elisabeth

2.1 Erinnerungstexte

Christomanos, Constantin: Elisabeth von Österreich. Tagebuchblätter. Hg. von Verena von der Heyden-Rynsch. München 1983 (Erstausgabe 1898)
Clary-Aldringen, Alfons: Geschichten eines alten Österreichers. Mit einem Vorwort von Golo Mann. Frankfurt a. M., Berlin, Wien 1977, S. 114
Eisenmenger, Victor: Erzherzog Franz Ferdinand. Seinem Andenken gewidmet von seinem Leibarzt. Zürich, Leipzig, Wien 1930, S. 77 f.
Lucheni, Luigi: «Ich bereue nichts!» Die Aufzeichnungen des Sisi-Mörders. Hg. von Santo Cappon. Aus dem Französischen von Bernd Wilczek. Wien 1998
Sylva, Carmen: Die Kaiserin Elisabeth in Sinaia. In: Weihnachtsbeilage der «Neuen Freien Presse». Neue Freie Presse (Wien). Morgenblatt, Nr. 15211 vom 25. 12. 1906, S. 31 f.
Sztáray, Irma: Aus den letzten Jahren der Kaiserin Elisabeth. Wien 1909
Wallersee, Marie Louise von: My Past. London 1913
Wallersee-Larisch, Marie Louise von: Meine Vergangenheit. Deutsche Erstausgabe 1913. Neu bearbeitete Ausgabe: Leipzig 1937
Wallersee, Marie Louise von: Her Majesty Elizabeth of Austria-Hungary. New York 1934
Wallersee, Marie Louise von, vormals Gräfin Larisch: Kaiserin Elisabeth und ich. Leipzig 1935

2.2 Biographien

Burg, A. de [= Edward Morgan Alborough]: Elizabeth. Empress of Austria. A Memoir. London, Philadelphia 1899

Corti, Egon Cäsar Conte: Elisabeth, die «seltsame Frau». Nach dem schriftlichen Nachlaß der Kaiserin, den Tagebüchern ihrer Tochter und sonstigen unveröffentlichten Tagebüchern und Dokumenten. Salzburg, Leipzig 1934

Corti, Egon Cäsar Conte: Elisabeth von Österreich. Tragik einer Unpolitischen. München ⁴2001 (Neuausgabe von «Elisabeth, die ‹seltsame Frau›»)

Hamann, Brigitte: Elisabeth. Kaiserin wider Willen. München ⁶2002 (Erstausgabe 1981, überarbeitete Neuausgabe 1997)

Haslip, Joan: Sissi. Kaiserin von Österreich. Aus dem Englischen von Alfred P. Zeller. Köln 1994 (englische Originalausgabe 1964, deutsche Erstausgabe 1966)

Klüver, Henning: Sissi. Die rebellische Kaiserin. Reinbek 1996

Kühn, Dieter: Der wilde Gesang der Kaiserin Elisabeth. Frankfurt a. M. 1982

[Owen, Mary Cuncliffe:] The Martyrdom of an Empress. London, New York 1899

Praschl-Bichler, Gabriele: Kaiserin Elisabeth. Mythos und Wahrheit. Mit Kommentaren von Gerti Senger und Walter Hoffmann. Wien 1996

Schad, Martha: Elisabeth von Österreich. München 1998

Thiele, Johannes: Elisabeth. Das Buch ihres Lebens. München 1996

Tschudi, Clara: Elisabeth, Kaiserin von Österreich und Königin von Ungarn. Einzige autorisierte Übertragung aus dem Norwegischen von Carl Küchler. Leipzig [1906]

2.3 Detailaspekte

Bahr, Hermann: Die Kaiserin. In: Die Zeit (Wien) vom 17. 9. 1898

Cachée, Josef: Die Hofküche des Kaisers. Die k. u. k. Hofküche, die Hofzuckerbäckerei und der Hofkeller in der Wiener Hofburg. Wien, München 1985, S. 82, 98 f.

D'Annunzio, Gabriele: Kaiserin Elisabeth. Übersetzt von Hugo von Hofmannsthal. In: Die Zukunft (Berlin), Bd. 25, Nr. 3 vom 5. 10. 1898. Siehe auch: H. v. Hofmannsthal: Gesammelte Werke. Reden und Aufsätze 1. 1891–1913. Frankfurt a. M. 1979, S. 602–606

Dorfmeister, F. A.: Kaiserin Elisabeth von Oesterreich. Eine Schilderung des Lebens, Wirkens und Sterbens unserer unvergesslichen Kaiserin. Nach authentischen Quellen bearbeitet. Wien 1898

Haslinger, Ingrid: Tafeln mit Sisi. Rezepte und Eßgewohnheiten der Kaiserin Elisabeth von Österreich. Wien, München 1998

Matray, Maria; Krüger, Answald: Das Attentat. Der Tod der Kaiserin Elisabeth und die Tat des Anarchisten Lucheni. München ²1998

Praschl-Bichler, Gabriele: Kaiserin Elisabeths Fitneß- und Diätprogramm. Wien 2002

Praschl-Bichler, Gabriele; Cachée, Josef: «… von dem müden Haupte nehm' die Krone ich herab». Kaiserin Elisabeth privat. Wien, München, Berlin 1995

Stadtlaender, Chris: Sisi. Die geheimen Schönheitsrezepte der Kaiserin und des Hofes. Wien 1995

Vogel, Juliane: Die doppelte Haut. Die Moden der Kaiserinnen im 19. Jahrhundert. In: Regina Schulte (Hg.): Der Körper der Königin. Geschlecht und Herrschaft in der höfischen Welt. Frankfurt a. M., New York 2002, S. 216–235

Weissensteiner, Friedrich: Elisabeth – Die Antikaiserin. In: F. Weissensteiner: Reformer, Republikaner und Rebellen. Das andere Haus Habsburg-Lothringen. Wien 1987, S. 184–213

Welcome, John: Die Kaiserin hinter der Meute. Elisabeth von Österreich und Bay Middleton. Übersetzt von Hans Erik Hausner. Wien, Berlin 1975

2.4 Kulturgeschichtliche Aspekte

Amtmann, Karin: Elisabeth von Österreich. Die politischen Geschäfte der Kaiserin. Regensburg 1998

Beckermann, Ruth: Elisabeth – Sissi – Romy Schneider. Eine Überblendung. In: R. Beckermann, Christa Blümlinger (Hg.): Ohne Untertitel. Fragmente einer Geschichte des österreichischen Kinos. Wien 1996, S. 305–321

Fischer, Lisa: Schattenwürfe in die Zukunft. Kaiserin Elisabeth und die Frauen ihrer Zeit. Wien, Köln, Weimar 1998

Morsak, Louis C.: Der «Sisi»-Mythos und die Problematik der rechtlichen Volkskunde im Wirkungsfeld einer Kultfigur. In: Forschungen zur Rechtsarchäologie und Rechtlichen Volkskunde. Hg. von Louis Carlen. Bd. 18. Zürich 2000, S. 43–60

Schierbaum, Martin, Seeling, Christiane: Mädchentraum und Krisensymptom – Sis[s]i eine Projektionsfläche? In: Die Neue Gesellschaft. Frankfurter Hefte. Jg. 42, H. 7 vom Juli 1995, S. 601–610

Vogel, Juliane: Elisabeth von Österreich. Momente aus dem Leben einer Kunstfigur. Mit einem kunstgeschichtlichen Exkurs von Gabriela Christen. Wien 1992 (überarbeitete Neuauflage Frankfurt a. M. 2004)

2.5 Ausstellungskataloge

[Ausstellungskatalog 1991] Elisabeth, Königin von Ungarn. Erzsébet, a Magyarok Királynéja. Museum Österreichischer Kultur, Eisenstadt, Kiállítás az Osztrák Kultúra Múzeumában 1991. Wien, Köln, Weimar 1991

Hamann, Brigitte; Hassmann, Elisabeth (Hg.): Elisabeth. Stationen ihres Lebens. Wien, München 1998 (Begleitpublikation zur Ausstellung «Elisabeth, Schönheit für die Ewigkeit» in Schloss Schönbrunn und der Wiener Hofburg, 2. 4. 1998–16. 2. 1999)

Walther, Susanne (Hg.): Elisabeth von Oesterreich. Einsamkeit, Macht und Freiheit. Wien 1986 (99. Sonderausstellung des Historischen Museums der Stadt Wien. Hermesvilla, Lainzer Tiergarten, 22. 3. 1986–22. 3. 1987)

Walther, Susanne; Lindinger, Michaela (Hg.): Kaiserin Elisabeth. Keine Thränen wird man weinen … Wien 1998 (235. Sonderausstellung des Historischen Museums der Stadt Wien. Hermesvilla, Lainzer Tiergarten, 2. 4. 1998–16. 2. 1999)

2.6 Bildbände

Hamann, Brigitte (Hg.): Elisabeth. Bilder einer Kaiserin. Wien, München 1982

Mraz, Gerda; Fischer-Westhauser, Ulla (Hg.): Elisabeth. Prinzessin in Bayern. Kaiserin von Österreich. Königin von Ungarn. Wunschbilder oder Die Kunst der Retouche. Wien, München 1998

2.7 Informationen im Internet

Von den zahlreichen Sites zu Kaiserin Elisabeth seien genannt: www.sisi.at; www.kaiserin-elisabeth.net; www.sisi-net.de

3. Weitere Materialien

3.1 Elisabeths Familie

Dreyer, Aloys: Herzog Maximilian in Bayern, der erlauchte Freund und Förderer des Zitherspiels und der Gebirgspoesie. München 1909

Heißerer, Dirk: Ludwig II. Reinbek 2003

Holler, Gerd: Sophie. Die heimliche Kaiserin. Mutter Franz Josephs I. Wien 1993

Redwitz, Marie Freiin von: Hofchronik 1888–1921. München 1924

Saathen, Friedrich (Hg.): Anna Nahowski und Kaiser Franz Joseph. Aufzeichnungen. Wien 1986

Schmid, Alois; Weigand, Katharina (Hg.): Die Herrscher Bayerns. 25 historische Portraits von Tassilo III. bis Ludwig III. München 2001

Sexau, Richard: Fürst und Arzt. Dr. med. Herzog Carl Theodor in Bayern. Schicksal zwischen Wittelsbach und Habsburg. Graz, Wien, Köln 1963

Witzleben, Hermann von; Vignau, Ilka von: Die Herzöge in Bayern. Von der Pfalz zum Tegernsee. München 1976

Urach, Amélie von: Erinnerungen an Herzogin Ludowica in Bayern. Maschinenschriftliche Abschrift, Bayerische Staatsbibliothek (München), Handschriftenabteilung, Nachlass Sexau (Signatur: Ana 346 (B.I.5a)

3.2 Kronprinz Rudolf und Mayerling

Hamann, Brigitte: Rudolf. Kronprinz und Rebell. München 2001 (Erstausgabe 1978)

Judtmann, Fritz: Mayerling ohne Mythos. Ein Tatsachenbericht. Wien 1968

Loschek, Johann: Erinnerungen. In: Berliner Illustrierte Zeitung vom 24. 4. 1932

Rudolf, Kronprinz: «Majestät, ich warne Sie …». Geheime und private Schriften. Hg. von Brigitte Hamann. München 1998 (Erstausgabe 1979)

Sokop, Brigitte: Jene Gräfin Larisch … Marie Louise Gräfin Larisch-Wallersee. Vertraute der Kaiserin – Verfemte nach Mayerling. Wien, Köln, Graz 1985

Vetsera, Helene: Denkschrift. Wien 1889

Wallersee s. 2.1

3.3 Sonstige Studien

Bruch, Hilde: Der goldene Käfig. Das Rätsel der Magersucht. Frankfurt a. M. 1988

Friedjung, Heinrich: Geschichte in Gesprächen. Aufzeichnungen 1898–1919. Hg. von Franz Adlgasser und Margret Friedrich. Bd. 1: 1898–1903. Wien, Köln, Weimar 1997

Selvini Palazzoli, Mara: Magersucht. Stuttgart ³1986

Vandereycken, Walter; van Deth, Ron; Meermann, Rolf: Hungerkünstler, Fastenwunder, Magersucht. Eine Kulturgeschichte der Ess-Störungen. Zülpich 1990

Wertheimer, Eduard von: Graf Julius Andrássy. Sein Leben und seine Zeit. Nach ungedruckten Quellen. 3 Bde. Stuttgart 1910–1913

4. Adaptationen

4.1 Theaterstücke

Ernst Decsey, Gustav Holm: Sissys Brautfahrt. [Lustspiel.] Wien o. J. [1930]

Georg Rendl: Elisabeth. Kaiserin von Österreich. Neun Bilder. Wien 1954. Uraufführung 1937

Jean Cocteau: Der Doppeladler. Schauspiel in drei Akten. (Französischer Originaltitel: L'Aigle à deux Têtes.) Bearbeitung der deutschen Übersetzung von F. Habeck. Zürich 1950

4.2 Filme

Kaiserin Elisabeth von Österreich. Regie: Rolf Raffé. Darsteller: Carla Nelsen. Deutschland 1920

Elisabeth von Österreich – Der Leidensweg einer Frau. Regie: Adolf Trotz. Darsteller: Lil Dagover, Paul Otto. Deutschland 1931

Prinzessin Sissy. Verleihtitel: Prinzessin Wildfang. Regie: Fritz Thiery. Darsteller: Traudl Stark, Paul Hörbiger. Österreich 1938

L'Aigle à deux Têtes. Deutscher Verleihtitel: Der Doppeladler. Regie: Jean Cocteau. Darsteller: Edwige Feuillère, Jean Marais. Frankreich 1947

Sissi. Regie: Ernst Marischka, Darsteller: Romy Schneider, Karlheinz Böhm. Österreich 1955

Sissi, die junge Kaiserin. Regie: E. Marischka, Darsteller: R. Schneider, K. Böhm, Walther Reyer. Österreich 1956

Sissi – Schicksalsjahre einer Kaiserin. Regie: E. Marischka, Darsteller: R. Schneider, K. Böhm, W. Reyer. Österreich 1956

4.3 Operette, Musical

Ernst und Hubert Marischka (Libretto), Fritz Kreisler (Musik): Sissy. Singspiel in 2 Akten. Leipzig, Wien, New York 1933. Uraufführung am 23. 12. 1932

Michael Kunze (Text), Sylvester Levay (Musik): Elisabeth. Musical. Uraufführung am 3. 9. 1992 im Theater an der Wien, Wien

Als Beispiel für zahlreiche Einspielungen auf CD: Elisabeth. Die Highlights der deutschen Uraufführung 2001. Originalensemble des Colosseum Theaters Essen. Produziert von Ronald Sommer, Michael Kunze und Sylvester Levay. Musikalische Leitung: Bernd Steixner und Maurice Luttikhuis. Polydor 2001